地方治理制度创新和可持续发展比较研究

高新军 著

西北大学出版社

图书在版编目(CIP)数据

地方治理制度创新和可持续发展比较研究／高新军著.—西安：
西北大学出版社,2019.4

ISBN 978-7-5604-4351-5

Ⅰ.①地… Ⅱ.①高… Ⅲ.①地方政府—行政管理—管理制度
—可持续性发展—比较研究—中国、世纪 Ⅳ.①D625②D523

中国版本图书馆 CIP 数据核字(2019)第 077069 号

地方治理制度创新和可持续发展比较研究

作 者:高新军
出版发行:西北大学出版社有限责任公司
地 址:西安市太白北路 229 号
邮 编:710069
电 话:029-88302590
经 销:全国新华书店
印 刷:西安华新彩印有限责任公司
开 本:787 mm×1092 mm 1／32
印 张:7.5
字 数:175 千字
版 次:2019 年 4 月第 1 版 2019 年 4 月第 1 次印刷
书 号:ISBN 978-7-5604-4351-5
定 价:38.00 元

如有印装质量问题,请与本社联系调换,电话 029-88302966。

前　言

每个国家在历史上都经历过若干个转型的关键时期。这个时期的政治家和社会精英的表现,往往决定着国家今后的走向:是经过阵痛走向持续的繁荣,还是陷入持久的痛苦中不能自拔,抑或在黑暗中摸索更长的时间。社会的发展是一个由量变到质变的过程。在经过缓慢的量的积累之后,社会上各种矛盾都预示着体制需要一种大的变革和创新。时势造英雄。历史提供了这样一种机遇。它呼唤政治家的创新意识、政治智慧、坚忍不拔的勇气、驾驭复杂局面的技巧和与人民相呼应的历史责任感。这是一个创造历史的舞台。历史上已经发生过的案例,为中国的转型、创新和可持续发展,提供了可资借鉴的经验和教训。

一、美国一个世纪前实现转型的主要经验

虽然中国和美国在意识形态、文化传统方面存在着差异,但美国从权贵市场经济向法治市场经济的成功转型,仍然能够给予中国很多启发。

100多年前的美国正处于体制转型的关键时期。19世纪的最后30年,快速的城市化,使美国实现了生产力和社会财富高速增长,最后十年的"麦金莱繁荣时期"甚至是资本的狂欢。到19世纪末,美国一举超过英国,成为世界第一经济强国。但说起那个时期,美国历史学家称之为贪婪成性、诈骗成风、血腥味十足的时代。那时工人每天工作12～14个小时、童工遍地、企业普遍做

假账、假冒伪劣产品猖獗、矿难频仍、垄断横行、贫富悬殊巨大、工会丑闻不断、权钱交易的政治腐败层出不穷,工人罢工、群体性反抗事件井喷式爆发。大量的矛盾和冲突,使社会充满着腐败、犯罪、仇恨、不满和失望。

例如,1853 年,纽约的一些奶农和黑心商人将污水、臭鸡蛋、淀粉等各种杂物掺入原奶中制造出的"儿童卫生奶",实际上是"泔水奶",在一年半时间里,导致了 8000 多名儿童死亡。1882 年,只有 6000 多万人口的美国,每周有 675 人死于工伤事故。1890 年,9% 最富的人拥有美国全国 1/3 的财富。1900 年,美国近 1/8 的人口,约 1000 万人生活在贫困线以下。1911 年 3 月 25 日(星期六)下午,纽约市"三角衣裙厂"发生火灾,146 名女工死亡,她们平均年龄仅 19 岁,最小的才 7 岁,但每天要工作 12 小时,月工资仅 12 美元。工会领袖施耐德曼指出,这不是我们第一次眼睁睁地看着这些女孩子被活活烧死,每年我们都有几千人被这样摧残!这是一个贪婪的世界,人已经变得毫无意义。1906 年,记者辛克莱尔在纪实小说《屠场》中揭露了 20 世纪初美国肉类加工厂普遍存在的造假和腐败现象,厂家甚至将死老鼠肉放进了火腿肠中。书中真实地描写了城市的贫困、没有社会救助、恶劣的居住环境和工作条件,反映出人们普遍存在的绝望和无助的情绪。在 1860 年至 1930 年期间,纽约政府官员腐败非常严重。仅在 1865 年至 1871 年 6 年里,纽约市就有近 2 亿美元被诈骗走了。最臭名昭著的是"塔麦勒会堂"腐败案。1930 年"塔麦勒会堂"老板与纽约市长沃克尔相勾结,控制了市政工程项目发包权,市长受贿 100 万美元。至今它仍被看作是美国腐败的典型案例,被称为"权钱交易"和"权票交易"的"塔麦勒机器"。1886 年芝加哥 20 多万工人罢工产生的五一国际劳动节和 1909 年芝加哥妇女要求 8 小时工作制罢工产生的三八国际劳动妇女节,是这一时期重大群体性事件的代表。

2012 年，美国乔治梅森大学经济学教授 Carlos D. Ramirez 认为，如果把中国的腐败情况和美国的历史相比较，在中国和美国人均收入水平相似的时候，美国的腐败程度是中国的数倍，美国1920 年以后的腐败比当前中国更严重。显然，美国社会在经历了经济的高速发展后，社会矛盾已经积累到了需要对体制进行大的变革和创新的关头。此后发生的事情是人们至今还津津乐道的，那就是历时 40 年之久的"进步时代"。

在这场没有组织者、没有纲领、没有计划的社会进步运动中，主要包括了三方面内容：新闻媒体的"掘粪"传统，促进了信息的公开透明，增强了社会的监督力量；有创新意识的政治家的智慧、勇气和技巧扭转了社会的混乱局面；公共预算改革创造了民主、公正、透明的地方政府，"预算民主"成了规范政府行为的突破口。

一般来说，社会公众对权力的监督和对公共事务的参与，有三个渠道：通过社会组织；通过新闻媒体；通过投票权。前者要求公众有较高的组织水平；后者要求具备较高的信息对称水平。这对于民众觉悟水平发展尚处于初级阶段的美国来说，条件并不具备。因此，新闻媒体和知识界就成为民众了解信息和实现对权力监督的有效渠道。

任何一个社会里对黑暗面最敏感的群体是大众传媒和知识界，美国同样如此。这些正直的新闻工作者从人道主义出发，针对政治腐败、城市犯罪、教育失败、社会不公及种族歧视等现象，展开了口诛笔伐的"揭发黑幕"运动。他们被人们称为"扒粪者"，其行为是"掘粪"行动。

新闻界和知识界在"掘粪"中的作用是多方面的。他们揭露了社会的阴暗面，伸张了正义；披露了垄断者和腐败分子的巧取豪夺，使人们看到了这些所谓"正人君子"的另一面；他们的行动使信息的披露更全面了,便于人们对事情做出正确判断;他们促进了政府工作的公开性和透明度,使普通民众更方便地监督政府。他们的行为使他们成为社会的良心,增强了社会的监督力量。

1902 年 11 月,伊达·塔贝尔女士在《麦柯卢尔》杂志发表了后来引起轰动的文章《标准石油公司的历史》,揭露了石油大亨约翰·勒克菲勒与官府勾结、巧取豪夺的肮脏发家史,从而成为"掘粪者"中的重要一员。当人们惊异于一个弱女子如何敢于向垄断的石油巨头挑战时,当时的一幅卡通画似乎告诉了人们答案:西奥多·罗斯福总统在背后给予了有力的支持。

与任何社会大发展都有杰出的政治家领导一样,美国的"进步时代"也造就了两位伟大的政治家:西奥多·罗斯福总统(1901—1909 年)和伍德罗·威尔逊总统(1913—1921 年)。罗斯福总统的"新国家主义"和威尔逊总统"新自由"的改革举措,是美国"进步时代"政治家在制度创新方面的典型代表。他们的社会改革举措完全改变了美国社会的走向。可以说,如果没有他们的多项基础性的制度建设,很难想象美国会在其后 1929 年至1933 年的世界性大危机中依靠"新政"转危为安,美国的命运也许完全是另一种结局,更不可能产生另一位伟大的总统:富兰克林·罗斯福。

其实,老罗斯福总统上任时才 43 岁。但他复活了 1890 年 7月 2 日通过的但十余年没有被执行的《谢尔曼反托拉斯法》,大规模地起诉垄断公司,迫使北方证券公司、牛肉托拉斯、美孚石油公司和美国烟草公司等大公司解散,老罗斯福本人也因此赢得了"托拉斯粉碎机"的绰号。他还是美国国家公园和自然保护区制度的创始人。这是一种"公共所有制",它将保护数百万英亩森林和煤矿的土地免遭私人的开发,从而成为国家公园和国家纪念地。美国的环境保护运动由此发端。老罗斯福总统认为,大企业的发展和大工会的发展,同样合情合理。大工会正好和大企业相互制衡;两者之间的争斗,需要政府来做仲裁。他把政府塑造为人民的保护伞,由政府代表公众向企业要求"广场交易"。这也是富兰克林·罗斯福总统"新政"的渊源之一。在他的推动下,1906年国会通过了《食品和药品卫生法》和《肉类制品监测法》。

1913 年入主白宫的"学者总统"伍德罗·威尔逊总统把"进步运动"推向鼎盛时期。他通过自己独到的眼光和见识,审时度势,在很大程度上驾驭了国会立法的方向和进程,推动国会完善了反托拉斯法律体系,促成了关税体制的改革,尤其是创立了新型的货币金融体制——联邦储备体系,并且在童工和工时等方面的立法上也有建树。

当时在地方也有著名的改革者。曾当过州众议员、州长和联邦参议员的罗伯特·拉福莱特就是威斯康星州的社会改革家。为了改变由立法机构少数人来确定铁路税率,从而产生权钱交易的腐败现象,他提出"回到民主的第一原则,回到人民那里去"的思想,推动重大问题直接由选民投票决定的立法。这一思想也成为著名的"威斯康星理念"。这一理念以后还深刻影响了联邦参议员的选举办法。联邦参议员原来是由各州的众议院选举产生的。由于是在少数人中进行选举,所以成为大量腐败和贿选丑闻产生的温床。1913 年 4 月 8 日,美国国会通过了宪法第 17 修正案,规定代表各州的联邦参议员必须由选民直接选举产生,彻底切断了通过贿选谋求联邦参议员的渠道。

以西奥多·罗斯福和伍德罗·威尔逊为代表的政治家,对于推动美国社会的变革居功至伟,使美国逐步告别了权贵市场经济,走上了法治市场经济的轨道,至今对美国社会的发展仍产生着深刻的影响。

20 世纪前,美国从联邦政府、州政府到地方政府,都没有完整的公共预算制度。那时所谓预算不过是一堆杂乱无章的事后报账单。议会对政府某部门的拨款只是一个总数,没有开支分类,也没有细目。每个政府部门都自己向议会争取资金,自己掌控开支。一级政府并没有一份详尽统一的预算。在这种情况下,民众和议会都无法对政府及各部门进行有效的监督,结果为贪赃枉法留下无数机会,腐败现象屡禁不绝。

1905 年,纽约市进行财政行政改革的会计师和社会改革者们走到了一起,于 1907 年正式组建了"纽约城市研究局"。该局就是现在著名智库"布鲁金斯学会"的前身。这些预算改革者指出,预算问题绝不仅仅是个无关紧要的数字汇总问题,而是关系到民主制度是否名副其实的大问题。没有预算的政府是"看不见的政府",而"看不见的政府"必然是"不负责任的政府","不负责任的政府"不可能是民主的政府。预算改革的目的就是要把"看不见的政府"变为"看得见的政府"。"看得见",人民才有可能对它进行监督。在这个意义上,预算是一种对政府和政府官员"非暴力的制度控制方法"。

在预算改革者的敦促下,纽约市在 1908 年推出了美国历史上第一份现代公共预算。预算改革者通过展览、讲课、媒体宣传、散发手册等形式,向消费者和民众宣传公共财政改革。1911 年,纽约市花费 10 万美元,举办了第一次"市政府财政预算展览",一个月之内就有 100 万人参观。之后,纽约市将预算展览常年设立在城市学院里,供人们随时参观。在 1916 年的预算展览上,"纽约城市研究局"的一位研究者甚至做了一个模型,来说明市民作为一个消费者如何去消费政府提供的服务。到 1913 年,预算文件已从 1908 年的 122 页增加到 836 页。1916 年,"预算"这个词就像"社会正义"或者"美国方式"一样,成为时髦流行的政治术语。以后几年,纽约市的预算日臻完善。

　　学者们用 17 年的研究,政治家用 33 年的实践,最终实现了美国预算民主从地方到联邦的全面建立,从而使公共预算成为了各种利益集团在政治领域寻求自身利益的有效工具。进步时代的改革者用公共预算来组织政府,利用预算的社会作用来构建社会的繁荣。公共财政运动不仅改变了行政当局的行为,加强了政府和民众的联系,而且从根本上重塑了美国各级政府。美国在 20世纪 30 年代的大萧条时期,虽然在经济上遭受了前所未有的重创,但是,"进步时代"的改革运动已经为罗斯福"新政"的执行铺平了道路。"法治的市场经济"已经形成,它预示着美国下一个经济的跃进指日可待。

二、墨西哥艰难转型,到底遇到了什么障碍

　　研究制度变迁的学者常常需要面对这样一个现实:同样是从欧洲移植过来的制度,英国对美国的影响和西班牙对墨西哥的影响是不同的。是什么原因造成了这样的差异? 笔者认为,这与宗主国的制度特点有密切关系。与早在 16 世纪末就逐步实现了议会对国王权力监督的英国相比,西班牙国王的权力要大得多,他和政府官僚机器一起,构成了在西班牙不受监督的权力集团。这种威权体制直到 20 世纪 70 年代佛朗哥死后才发生转变。1519年 4 月,西班牙征服了墨西哥,这种体制自然也就移植到了那里,并在其对墨西哥 300 年的统治中发展得更加完善。

　　随着西班牙自 20 世纪 70 年代开始体制转型,墨西哥也开始了艰难的社会转型。2000 年,国家行动党取代了已经连续执政71 年的革命制度党,实现了政党轮替。2012 年革命制度党通过卧薪尝胆,重新夺回了执政地位。通观这 12 年,一个明显的现象是,政党轮替并没有解决墨西哥一党长期执政时暴露出的主要问

题,反而在某些方面出现了新的更多问题。那么,墨西哥体制转型到底遇到了什么障碍呢?

1. 政治体制和管理体制改革长期滞后是转型艰难的主要原因

革命制度党于 1929 年开始执政,在相当长时期内,为推动墨西哥的经济发展和社会进步作出了很大贡献,赢得了墨西哥全国人民的一致拥护和支持。不少学者把墨西哥政治体制称为"北大西洋民主模式"。它包括:积极的社会经济政策、强有力的总统权力、一党制、革命制度党的坚强领导等。

但是,一党独大的缺陷从一开始就使这种政治体制潜藏着危机。它包括:权力高度集中,党内民主发展十分滞后,很多要求改革和民主的党内精英长期受压制;执政党控制了国家的方方面面,几乎对它没有监督,腐败成为国家难以控制的潜规则;由于一党独大,客观上造成了上届总统可以挑选下届总统,总统可以直接任命议员、法官、州长,所有宪法规定的人民民主权利成了一纸空文。1968 年墨西哥奥运年的墨西哥城"三种文化广场"惨案、1982 年的债务危机、1985 年的大地震、1994 年的金融危机,执政的革命制度党都存在着重大决策失误,民心在发生着潜移默化的变化。

由于对德拉马德里总统的新自由主义经济政策和党内专制、腐败现象不满,革命制度党党内要求改革呼声日高,开始出现了不同意见的团体"民主革新运动"。该运动要求革命制度党立即对国家政治生活方式进行深刻改革,提出党的总统候选人不应由现总统一人指定,应由党内民主选举产生等主张。但是,这些要求改革的主张不仅没有得到党中央的积极回应,该运动成员反而在 1987 年被开除出党。

事情往往就是这样,当一个执政党的执政地位遇到严重挑战迫切需要进行体制改革的时候,也往往是它最害怕改革使自己失去执政地位和最担心改革会给反对派利用自己在历史上的失误以攻击自己的机会的时候,这种担心常常使执政党失去了对体制改革的勇气,也使政治家失去了应有的把握改革时机的政治智慧。墨西哥正是这样的一个典型。

1997 年的总统大选,革命制度党党内为争夺总统职位的矛盾空前激化,3 月,原定的党内总统候选人科洛西奥被暗杀;7 月,党的总书记马谢乌又被暗杀。排斥党内改革和争权夺利的内讧,使 1997 年 7 月 6 日革命制度党在参众两院的中期选举中,第一次在众议院失去了多数席位。最终,革命制度党在 2000 年被墨西哥人民抛弃。

墨西哥转型的经验说明,消除权力过分集中,允许不同意见的讨论,实现对权力的监督和制约,是强化执政党建设的基础。任何体制和社会转型都是充满风险的。一个政党是否真正有力量,不仅要看它在执政时的胆略、政治勇气和执政技巧,而且要看它面临巨大失败时能否克服自身的缺点,重新站立起来。墨西哥转型说明,一个党要有将国家利益置于政党利益之上的担当和胸怀。对于政党领导人来说,真正的力量不在于使用权力,而在于知道什么时候不使用权力。

2. 腐败是执政党长期执政的伴生物,最致命的是在领导层中出现腐败现象

在墨西哥,要说领导人的腐败,人们都会提到 1988 年至 1994 年任职的卡洛斯·萨利纳斯总统。此人因为受到腐败指控,从 1994 年卸任至今,仍臭名远扬。

萨利纳斯早年毕业于墨西哥国立自治大学经济系,曾经获得哈佛大学政治学、经济学硕士、博士学位,当年是革命制度党党内年轻出色的经济学家,最后由德拉马德里总统"钦定"为革命制度

党唯一总统候选人,并成功当选总统,年仅 40 岁。

　　萨利纳斯政府的腐败不是偶然的。在长达 71 年的执政过程中,革命制度党形成一个较为稳定的利益集团。由于长期独霸政坛,缺乏必要的监督,政府权力在革命制度党中间传递,社会财富也在他们中间生根。

　　从领导体制上来说,革命制度党形成了党政不分、权力高度集中的管理体制,把党和国家的命运维系在某一个人的身上。该党竞选各级地方官职和议员的候选人,也常常是领导人之间权力和利益分配的产物。党的领导层同基层组织缺乏有效的沟通渠道,使党严重脱离群众,广大基层群众缺乏参政机会。

　　从管理体制上来说,这种权力高度集中、一党独大的体制,使执政党内部到政府各部门腐败无所不在,大小官员都有捞取自己好处的办法。萨利纳斯上台以来,实行经济自由化政策,开始对墨西哥国有企业进行"私有化"改造。这演变成一场瓜分国有资产的"盛宴"。而且,这种腐败已经侵蚀到了执政党最高领导层。从后来陆续曝光的重大腐败案件看,已经涉及萨利纳斯总统及其亲属、内阁部长、州长、副总检察长等政府要员。

　　墨西哥社会转型的这一教训说明,在一个社会中,一种力量过于强大往往会扭曲社会的均衡,使其失去制约而处于为所欲为的危险境地中。要警惕腐败向上发展的速度,因为这会从根本上动摇执政党的执政基础和合法性。

　　因此,如何在一党长期执政的条件下,寻找到党内和党外的制约力量,使执政党始终保持向人民负责的敬畏心,是我们应该从墨西哥社会转型经验中汲取的教训。

　　3. 政治体制演进要与社会发展程度相适应

　　经过了 12 年的政党轮替实践,墨西哥社会似乎也冷静了许多。学者们普遍认为,简单的政党轮替并不能解决墨西哥现存的问题。选举一个没有执政能力的政党上台,其成本还是要老百姓来承担。所以,重要的不是政党轮替,而是要选择一个真正为民众服务,又有能力的政党去实现人民意愿。通常,人们在讨论"民主还是专制"与"良政还是劣政"时,一般认为"民主还是专制"问题很重要,这是因为专制体制一般来说是与劣政联系在一起的。但是,在笔者对墨西哥体制和社会转型进行深入调查之后,则感到简单地在民主与良政、专制与劣政之间画等号,对于深入探讨体制和社会转型并无助益。至少在墨西哥,"民主还是专制"与"良政还是劣政"同样重要,因为墨西哥在 2000 年实现政党轮替,虽然民主有了进展,但并没有实现良政。

墨西哥转型实践告诉我们,政党轮替制度对于像墨西哥这样的发展中国家,似乎还是一种政治上的奢侈品。墨西哥还需要不断创造使这一制度产生积极效果的各种条件。而在现阶段,墨西哥似乎更需要的是某种良政,因为良政才能够解决目前墨西哥社会面临的各种棘手难题。

选举是现代民主政治的主要特征之一。革命制度党在 2000 年之前长期执政时,一个广受诟病的劣迹就是贿选。尤其在 20 世纪 90 年代,面对国家行动党和民主革命党的竞争,革命制度党的贿选一度达到了无所不用其极的地步。实际上,这并不是墨西哥独有的现象。世界上所有发展中国家的全国性、竞争性选举中,都大量存在这种现象。这其实反映了一条社会发展规律:政治体制演进要与社会发展程度相适应。

在历史上墨西哥作为西班牙的殖民地近 300 年。宗主国西班牙的一套集权统治政治制度完整地移植到了墨西哥,并在这里产生出比宗主国更加专制的结果。所以,我们在墨西哥历史上经常见到的,不是各种社会力量的均衡,而是一权独大。这种制度遗产所产生的路径依赖,即使在墨西哥 1821 年独立后和 1917 年新宪法颁布后,仍旧改变甚微。墨西哥的政党、政治家、社会组织、知识分子、老百姓都默认了这个现实。这种政治制度成为了墨西哥重要政治思想遗产,渗透到了人民的血液中,直到这种不受监督的权力后来成为经济和社会进步的桎梏。很明显,在一个集权专制主义传统深厚的社会,任何外来的进步政治制度都会产生扭曲和变形,其社会结果也是扭曲和变形的。

长期以来,墨西哥社会各种集团和势力如教会、家族、宗族、工会等各据一方,都有自己的势力范围。很多贩毒集团和黑社会组织也有自己的势力范围。无权无势、贫困潦倒的基层民众,只能依附在这些社会势力身上,在他们的庇荫下,保证自己的生活和安全。这种局面至今在墨西哥大城市以外的中小城镇和广大农村地区还很普遍。在这种情形下,要使民众独立表达自己的意愿,行使自己的权利,是非常困难的。在这样的社会发展基础上,尽管多党竞选增加了政治、社会的透明度和形式上的权力制衡,但是由于墨西哥社会发展程度相对落后,并不能使这种政治制度起到它在其他国家同样的作用。这说明,任何制度要能够发挥作用,都是有条件的。离开了一定的条件,或者条件不具备,都会对制度本身产生不同程度的制约作用。这至少说明,在墨西哥,社会发展程度制约了政治制度实际所能起到的作用。

对此,墨西哥有学者表示,实行多党轮替是一种进步,它促进了信息的公开、透明,尤其在选举时更是如此。但是,要是指望这种制度来解决贫富差距、腐败、贩毒、失业、经济发展缓慢、社会治安差等这样的问题,是不可能的。因为这是良政所要解决的问题。目前,墨西哥真正实现政党轮替只有 12 年,这对于一个处于转型的体制来说,还是太短了。在墨西哥这样一个专制主义传统浓厚、宗法势力无所不在的国家,要实现向民主制度的过渡,起码还需要几代人的持续努力才行。这样看来,墨西哥要真正实现国家民主化还有很长的路要走。

三、中国的转型、创新和可持续发展

目前,中国正处在体制和社会转型的关键时期,其成功与否决定着中国今后几十年的繁荣和衰败。转型是通过制度创新,以及创新的可持续发展来实现的。虽然各国的制度发展有自己的特点,但也有一般规律。过分强调自己的特色,实际上就是否认民主化发展的一般规律,是不科学的。那么,什么是政治发展的一般规律呢? 公开、透明、公正、机会均等、人民主权是最主要的内容。任何一个国家要想走民主化道路,都离不开这几点。

如何达到这个目标呢? 美国的转型经验告诉我们,政治清明是以公开、透明、公正、机会均等、人民主权来保证的。政治家都在社会的放大镜下生活。在现阶段我国民众组织化程度低,缺乏直接选举的条件下,要充分发挥新闻媒体和知识界在维护信息公开、透明、公正方面的作用,使他们能够在更大程度上起到维护人民利益,监督政府官员的作用。今天,高科技和全球化的发展为信息的传播提供了更大的可能,使对信息的控制几乎成为不可能完成的任务。这种建立在互联网技术上的自媒体时代,为中国转型社会中对权力的监督、公众参与和社会透明度的成长和发展,提供了更广阔的渠道。

美国进步时代提出的“回到民主的第一原则,回到人民那里去”的思想,值得我们深思。在体制转型的关键问题上,在制度创新和可持续发展上,诉诸人民,回到人民的立场,回到民主的第一原则:人民主权上来,是克服困难和障碍的法宝。就连奥巴马也从 2012 年竞选连任美国总统的过程中,体会到了人民的力量。他在竞选资金不如对手,经济形势很不乐观的条件下,依靠人民的支持取得连任。面对与他时时处处作对的共和党国会议员,奥巴马诉诸民众,把自己的诉求告诉民众,动员民众给自己选区的共和党国会议员打电话,督促他们采取行动,以帮助总统推动符合民众利益的立法和行政。

墨西哥转型的经验告诉我们,政治制度的发展必须与社会建设和发展水平相适应。中国同墨西哥一样,社会发育程度低,民众组织化程度低。所以,一些好的制度安排,在中国并没有发挥出其本身应有的作用。有人认为,近十年中国之所以没有在政治体制改革上有什么动作,而专注于经济发展,是走了一着险棋:通过经济发展来拓展政治改革的空间,让社会发展水平的提高为政治改革创造条件。笔者认为这只是一家之言。从大方向看,中国无疑要走民主化的道路,但在实现的路径上,需要在社会发育程度和民主化发展方面取得平衡。目前,中国在大力发展社会的公共服务和社会建设,在基础教育、医疗保障、失业保险、养老保险、基本住房、基础设施、社会团体、政府的公开透明等方面已取得长足的进步。笔者相信,随着公共服务和社会建设的进步,公开、透明、公正、机会均等、人民主权的民主化的制度创新将逐步出现,并发挥出其应有的积极作用。我们期待着这种进步。

目 录

第一章　创新的路径选择

体制转型是通过不断的制度创新,从而改变政治生态,实现可持续发展来体现的。在本章中,我们把研究的焦点放在了政治生态的形成、改变、创新的路径选择、省级党政治理及其改革和我国社会组织培育发展的路径选择方面,以期从宏观和微观两个方面,来考察我国的制度创新之路。

一、政治生态的形成与改变及其在体制转型中的地位

一般认为,政治生态是由政治制度、党政机构、决策机制、舆论监督、社会心理、道德信仰、公序良俗、民众参与、民间组织、公开透明等因素构成,反映了执政党和政府、社会组织、普通民众之间的关系。这些因素的不同组合,构成了政治生态的不同特点。

政治生态文明,就是指上述因素处于相互协调的良性状态,促进了生产的发展和人民福利的改善。政治生态的改变,首先取决于经济基础的变化。多元化的市场经济基础,必然对中国建立在计划经济基础上的政治生态产生巨大的冲击。中国现正处于体制和社会转型的时期,这个时期的一个显著特点,就是伴随着各种严峻挑战的出现,制度创新层出不穷。

政治生态反映了党政机构、社会组织和普通民众三者之间的关系。我国目前的政治生态中,在社会组织和民众权利两方面存在较多问题。因为经济发展后,社会要求相应的民间组织和公民

权利的同步发展。如果我们做不到这一点,就会产生一系列日益严重的社会问题。

目前我国政治生态及其转型面临的两个主要问题:一是政府转型面临制度瓶颈;二是权力市场化削弱了社会调节贫富差距的能力。因此,要实现政治生态的转化和良性发展,就必须实现地方治理创新及其可持续发展。其要素主要包括如下几个方面:

(1)实现从精英领导主导型向可持续发展转变。

(2)地方治理制度创新的路径选择与创新的可持续发展。

(3)制度所约束的社会各方力量的对比,是制度发挥作用的基本条件。

(4)参与和竞争是地方治理创新可持续发展的两个要点。

(5)化解政府治理链条中的委托代理悖论。

(6)建立地方治理创新可持续发展的测量指标体系。

1. 什么是政治生态

生态文明是一个广义的概念。它既包括自然生态,也包括社会生态。既包括人与自然的关系,也包括人与人之间的关系。马克思认为社会的发展如同自然界一样,也是一个自然历史过程,是有规律可循的。马克思创立的历史唯物主义理论,用生产方式的矛盾运动来说明社会的运动和发展,也可以说是一种社会的生态学理论。

就社会生态来说,大致可以分为:经济生态、文化生态、政治生态等,它们之间互相联系又互相作用。历史唯物主义理论中说的生产力、生产关系、经济基础、上层建筑之间的矛盾运动,反映了社会生态运动的规律。

就政治生态来说,它是由政治制度、党政机构、决策机制、舆论监督、社会心理、道德信仰、公序良俗、民众参与、民间组织、公开透明等因素构成,反映了执政党和政府、社会组织、普通民众之间的关系。这些因素的不同组合,构成了政治生态的不同特点。

所谓政治生态文明,就是指上述因素处于相互协调的良性状态,促进了生产的发展和人民福利的改善。

2. 政治生态的形成与改变

政治生态的形成是由多种因素决定的,其中经济基础起着很大的作用。同时,特定的历史文化传统、民族特性、意识形态传承、地理环境影响,也都在很大程度上对政治生态形成起着不可忽视的作用。

中国的政治生态,与悠久的农耕历史、大一统的儒家文化、汉民族的独大以及从苏联继承来的意识形态和社会体制,有着密切的关系。

政治生态的改变,首先取决于经济基础的变化。多元化的市场经济基础,必然对中国建立在计划经济基础上的政治生态产生巨大的冲击。中国现正处于体制和社会转型的时期,这个时期的一个显著特点,就是伴随着各种严峻挑战的出现,制度创新层出不穷。

3. 政治生态在体制转型中的作用

政治生态反映了党政机构、社会组织和普通民众三者之间的关系。党政机构作为执政者,其执政的合法性来源于以下几个方面:

一是党政机构是民众利益的代表。人民授权给他们,由他们履行为民众服务的职责。

二是其产生于民众的选举,是通过合法公正的程序产生的。

三是其在履行职责时,为民众带来了实际的福利改善,使民众得到了经济上的实惠。

四是当民众的利益受到损害时,他们及时保护了民众的利益。

五是他们维护了社会经济正常秩序,保护了民众的民主权利。

目前我国政治生态中,在社会组织和民众权利两方面存在较多问题。主要表现为:社会组织发育程度低,民众的政治权利和经济利益保障程度低。此种政治生态所产生的直接结果,就是党和政府在社会生活中,要承担无限责任。各级政府则要担当全能政府的角色。这种做法,在社会发育程度低的发展阶段,是有其合理性的。所以,中国各级党和政府在相当长的时期内,充当着经济和社会发展的火车头的作用。但是,改革开放40多年后的今天,再这样做就弊大于利了。因为经济发展后,社会要求相应的民间组织和公民权利同步发展,如果我们做不到这一点,就会产生一系列日益严重的社会问题。

4. 目前我国政治生态及其转型面临的两个主要问题

问题一:政府转型面临的制度瓶颈

制度化是各种社会集团实现自身利益诉求的正常和理想的规范化渠道。在转型时期,人们大多认为推进制度的不断演变,是实现社会和体制转型必然选择。

但令人遗憾的是,制度的执行却相差很远。显然,如果我们不能找到使制度真正起作用的关键环节的缺陷点,并加以改进,那么这种"一条腿长,一条腿短"的局面,就将在实际工作中,既阻碍地方政府作用的转型,又难以实现民主执政、依法执政和科学执政。

那么,在什么条件下制度才能真正起作用呢? 这显然与制度所约束的社会各方的力量对比有密切的关系。

这里的规律是:监督的边际效用等于制度效用的临界点。

这里的监督,是指制度所约束的社会各利益集团之间的相互关系,实现这种监督必须完全建立在社会各利益集团的力量对比和平衡上。因此,如果社会利益集团关系中出现不平衡,即出现某一集团权力十分强大,而其他相关方力量十分弱小时,制度是不会被遵守的。

同时,社会各利益集团在博弈中,相互监督的边际效用正是制度发挥作用的临界点,也就是说,超出了这一边界,不仅监督的效益呈下降趋势,而且制度也不会被遵守,并开始失去作用。

我国的制度变迁,就是在这种平衡、平衡的打破、又建立起新的平衡的循环往复的螺旋式上升运动中逐步实现的。而我国目前在建立服务型政府、公共财政、信息公开、民主决策、制度创新及可持续发展等很多方面面临的制度瓶颈,恰恰就是在实现社会各利益集团博弈、力量平衡和监督方面存在着缺陷。

问题二:权力市场化削弱了社会调节贫富差距的能力

我国社会矛盾多为利益矛盾。这种利益矛盾与我国现阶段城乡区域发展不平衡,就业和社会保障压力增大,生态环境、自然资源、食品安全和经济社会发展的矛盾相叠加,就愈益突出。再加上近年来,在土地转让、资金信贷以及股权融资等领域,经常发生权力市场化的现象。权力作为个人或群体资源参与市场化,在形成暴富群体的同时,不但侵犯了他人创造社会财富收益的权益,而且削弱了社会调节贫富差距的能力。

由于中国的市场经济规则尚未得到很好的执行,企业主群体的发展前景具有某种不确定性,使得他们需要在"权力"那里寻求保护。近几年,中国一些腐败案件中反映出的官商勾结、权钱交易,就是这种负面效应的典型案例。

在当今中国的社会生活中,这种权力市场化具体表现为一种"牵出现象"。

首先,它表现为一些地方政府行为的失范:权力的霸道和蛮横,所以出现了暴力截访、血腥拆迁。而后,执法部门的腐败使得一些地方的民众有冤无处申。其次,腐败开始成为一种民众无可奈何甚至只有默认的现象。基于此,潜规则盛行于社会,甚至成为基本的"做官为人"之道,这样更令强势利益集团在财富的掠夺上肆无忌惮,对公平正义造成的严重侵蚀,导致社会生活"西西里化"。即强权组织与地方政府互相渗透、互为依靠,而衍生出的一种高度畸形、以赤裸裸的暴力作为维持社会运转主要机制的秩序生态。最后,社会底线失守,道德沦丧,职业操守和职业道德的丧失成为相当普遍的现象。

同时,由于困难群体没有充分地分享到改革与发展成果,教育医疗费用、房价的增长幅度,超过了普通民众的承受能力,使得社会处于一种爆炸前的临界状态,严重恶化了我国一些地方的政治生态。

笔者认为,要解决利益驱使下形成的社会矛盾,必须用"利益杠杆"来撬解。因为社会改革的代价,在理论上应由全社会共同分担,但实际上绝大部分由弱势群体承担了。改革成果,在理论上应由全社会共享,但实际上主要由强势群体享受或首先享受。这是因为市场不仅是一种经济整合机制,同时也是社会结构的生成机制之一。由于不同利益主体发育的程度不同,他们争取自己利益的能力也不同。利益博弈的过程,常常是以牺牲一个阶层的利益去满足另一个阶层的利益的零和游戏。所以,这就需要富裕群体的利益增进,同弱势群体的生活处境改善两者之间同步化,走出社会发展零和游戏的误区。

在衡量"公平正义"是否存在和实现时,社会分配状况往往成为最具刚性的尺度。所以,合理的再分配体制、相对均衡的劳资关系以及公民对政治、经济、文化领域的广泛而平等的参与及均衡发展,是防止市场经济条件下利益失衡的最有效力量,也是重建社会秩序、促进社会公正的重要基础。

对于低收入群体来说,重要的是加强社会保障制度建设,使他们的基本保障得以维护。在社会保障体制改革的进程中,通过建立社会保险、社会救助、社会福利、慈善事业等覆盖城乡全体居民的社会保障体系,为全体居民编织社会安全网,保障弱势群体的基本生活,解除这一阶层的后顾之忧。这也即是舒缓"社会焦虑"之法。

今天,中国的社会矛盾已呈现出了多发性、复杂性、突发性、群体性等"凸显"特征,其直接原因除了包括原有的社会矛盾化解机制失效,不能及时而恰当地化解社会矛盾外,深层的原因是利益分配不公、利益诉求与表达渠道不畅。单靠刚性的手段来维稳,成本很高,收效甚微,甚至造成越维稳,群体性事件越多的困境。所以必须把各方面的创造性都充分发挥出来,切忌一言堂、一刀切,让社会组织助推社会和谐。

以往我们说社会管理,往往是指政府管理民众。但是现在强调公民参与,共同管理社会,就不是政府单向的管理。以往是政府提要求,一级一级往下执行,一直到基层民众都是被动的,现在强调的是民众提要求,政府来满足。以往政府服务的是少数人,现在强调服务多数人。以往群众提要求就只有上访一个渠道,现在强调官员下访,主动到民间、基层去了解公众需求。

推进公民有序参与,完善不同群体利益表达和权益维护机制。要不断丰富民主的形式,保障更多公民有机会参与管理。要使不同群体在人大和政协中占有适当比例,增加工农群体的代表。同时,要建立各社会群体利益表达的有效机制,做到上情下达、下情上通,使各社会群体对社会发展状况的认知达成共识。各地创造的参与式预算、立法听证、民主恳谈、人大代表工作室、大接访、大下访、地方党政领导的公推直选等,都是比较好的民众参与的制度创新。

当然,社会管理不是要消灭所有社会矛盾,也不可能消灭所有社会矛盾。所以以"社会共识"涵养公序良俗也尤为重要。这其实表达的是一种动态调节和化解矛盾的机制。当矛盾出现的时候,使社会矛盾和问题不断得到及时化解和向好的方面转化,尽最大可能做到不积累、不激化、不蔓延、不升级、不向坏的方面转化,使社会处于动态平衡、动态优化、井然有序、健康运行的状态,这是一个长期的目标。

5. 地方治理制度创新及可持续发展是实现政治生态良性转化的关键

体制转型是靠不断的制度创新来实现的。进入 21 世纪以来,随着我国经济体制改革的深入,我国地方治理改革和制度创新也渐入佳境。从政治生态的演进来看,这些制度创新主要侧重于以下几个方面:

(1)政治制度的演进必须与社会建设水平相适应。

(2)地方治理和制度创新的路径选择对创新的可持续发展影响甚大。

(3)选择侧重于民众参与,是解决我国治理委托代理悖论中"内部人控制"的关键。

(4)参与和竞争是地方治理可持续发展的两个关键点,竞争可以是不同政治团体之间的竞争,也可以是同一政治团体中不同候选人之间的竞争。

具体包括以下几点:

一是实现从精英领导主导型向可持续发展转变。我国地方治理创新的突出特征是精英领导主导型,甚至出现了用高度集中的一把手权力来自上而下强力推行基层的民主。要实现这个转变,就要实现两个支撑点的转变:制度创新与民众福利提高的关切度;新制度起作用的条件。前者关系到改革创新的动力和基础,后者是新制度从形式走向形式与内容统一的过程。

二是地方治理制度创新的路径选择与创新的可持续发展。制度创新的路径选择则取决于多种因素:它可以是地方党政所面临的危机带来的严峻挑战;可以是地方党政的自我革新;也可以是新技术手段和方法的有效利用。选择不同的制度创新路径,既反映了不同层级政府所面临的主要挑战,也对制度创新的可持续发展影响甚大,不同的选择将产生不同的后果。

三是制度所约束的社会各方力量的对比,是制度发挥作用的基本条件。监督的边际效用等于制度效用的临界点。社会各利益集团在博弈中,如果相互监督的边际效用超出了这一边界,不仅监督的效益呈下降趋势,而且制度也不会被遵守。我国的制度变迁,就是在这种平衡、平衡的打破、又建立起新的平衡的循环往复的螺旋式上升运动中逐步实现的。

四是参与和竞争是地方治理创新可持续发展的两个要点。政治制度演进必须与社会建设水平相适应。公众参与程度是我国社会发展的主要指标。民众的公共参与和政府的制度供给要实现良性互动。既要防止公共参与超过制度的供给程度,造成社会的动荡;又要防止官员思想观念僵化,成为阻碍提高制度供给,阻塞民众诉求渠道的原因。竞争既可以是不同政治团体之间的竞争,也可以是同一政治团体内不同候选人之间的竞争,还可以是不同地区之间的竞争。如何在体制转型过程中实现参与和竞争,是实现透明政府、服务政府、责任政府的关键。

五是化解政府治理链条中的委托代理悖论。可以这样来理解领袖层、官员阶层和普通民众三者之间的关系。在经济增长的实践中,官员阶层对代理业务日益"精湛",他们与领袖层之间的信息不对称也逐渐加大,领袖层对官员阶层的监督力度由于自上而下的信息不对称而逐层衰减,因而对官员阶层的控制能力也在弱化(内部人控制)。官员阶层可以不管身后洪水滔滔,但是领袖们却必须考虑天下社稷、百姓苍生。所以在官员合法性与领袖合法性之间建立一道防火墙,通过加强党的建设、法制建设和不断完善监督监察体系来保证党的干部与中央保持高度一致,是化解这种悖论的有效途径。与此同时,还必须通过建立基层民主和自治,重建我国社会的基层秩序,建立官员对当地居民切实负责的政治架构,以消解官僚体系力量的泡沫式扩张,打破这种政治代理悖论。

六是建立地方治理创新的可持续发展的测量指标体系。地方治理改革和制度创新的可持续发展,是一种社会政治生态的变化,它如同自然生态变化一样,是可以测度的。要建立这样的测度指标体系,来指导我国的地方治理和制度创新。

在体制转型过程中,如何做到制度创新的可持续发展,是一个严峻的挑战。因为旧体制有着强大的惯性,改革也会有风险,政治生态的改变也非一朝一夕的事情。笔者认为,一项创新制度的可持续发展还是可以用某种标准来度量的。至少以下这些方面可以作为一项制度创新是否是可持续发展的标准:

第一,我国改革是增量改革。如果增量达到50%或者以上,可以认为这项改革是不可逆的。

第二,改革在于改变政治习惯。形成习惯是需要时间的。如果改革经过了两届或者以上领导班子的推行,就可以认为在很大程度上改变了政治生态。从时间上来说,需要8-10年。

第三,改革需要官员的推动,离不开有创新意识的官员。如果这样的官员能够在一届地方政府中占 1/3 或者以上,可以认为改革是不可逆的。所以,培养大批有创新改革意识的官员,并形成梯队,尤为重要。

第四,媒体、高层领导、学者等外部的肯定以及创新奖励,能否形成一种社会氛围,也是改革创新的可以持之以恒的主要条件。

第五,如果从更广的范围来看,即使一项制度创新在其发源地式微了,但会在其他地方继续生存发展下去,这或许是制度创新可持续发展的另一种解读。

现在中国社会治理领域里的地方政府创新正处于中国改革开放的初期阶段。在这个阶段,是创新最容易夭折,也是创新层出不穷、逐渐突破原有体制框架的时期。地方制度创新所带来的不断革新,对于形成民主治理的"路径依赖",将中国社会发展锁定在民主治理的轨道上将功不可没。地方政府创新的实践,已经在某种程度上打破了原来浅尝辄止的轮回,我们有理由期待他们今后创造出新的辉煌。

二、地方治理制度创新的路径选择

体制转型是靠不断的制度创新来实现的。制度创新的路径选择则取决于多种因素。它可以是地方党政所面临的危机带来的严峻挑战,如重庆市开县麻柳乡政府处理 1999 年 6 月 14 日当地农民的群体性反抗事件,创造的"八步工作法"民主治理的制度创新;可以是地方党政的自我革新,如湖北省咸宁市咸安区 2004 年的乡镇事业单位改制,实行"以钱养事"的制度创新;也可以是新技术手段和方法的有效利用,如江苏省江阴市的"幸福江阴"综合评价指标体系的应用和山东省青岛市运用计算机辅助调查（CATI）技术实现"多样化民考官机制"的制度创新。

为此,笔者对上海市闵行区、浙江省温岭市、河南省焦作市、广东省南海市和江苏省江阴市的地方预算管理及审查监督制度进行了考察。这些创新的路径选择也有三种不同的方式:上海市闵行区的创新特点是以结果为导向的绩效预算改革,属于地方政府的自我革新;江苏省江阴市以信息技术为特色的公共财政网上办公平台建设,突出了信息技术和方法的运用;浙江省温岭市的制度创新特点则是参与式的公共预算改革,正在探索一条公民有序参与政治过程的新路。

其实,只要稍加注意就可以发现,制度创新的这三种路径选择,存在着明显差异。如果从难易角度来看,采用信息技术和方法的制度创新相对容易;地方党政的自我革新次之;让民众有更多的参与和监督则较难实现。同样,如果从地方党政对制度创新的接受程度来看,以上的次序也不会改变。之所以存在这种现象,一方面是与我国现存的自上而下的党政领导体制密切相关。信息技术和方法的采用,以及地方党政的自我革新,其创新的推动力主要来自体制内的主要领导。在权力高度集中的条件下,一个有创新意识的主要领导要想推行一些新的技术、方法和绩效考核标准,去实现政府的有效运作,是没有什么力量可以阻止得了的。另一方面是目前地方党政对来自体制内的行政监督普遍比较适应,而对于来自体制外和民间的政治监督,则存在种种疑虑和抵触情绪。在不少官员看来,民间力量深不可测,可控程度低,允许其参与地方治理的政治风险大。而且现在官员主要以对上负责为主,对于来自民间的声音存在反应迟钝、漠然置之、无所作为的态度,在这样的条件下,很难想象地方党政会主动为民众的参与和监督创造机会和渠道。

笔者在比较研究了一些制度创新案例后,也证实了这一发现。现实中,绝大多数在创新路径选择上侧重于民众参与的案例,都是在遇到重大危机后进行创新的。这些地方党政在严重的干群利益冲突中,不得不向民众做出妥协,承诺在执政中更多的公开、透明,更多的民众参与和监督,从而逐步实现善治。

其实,制度创新路径选择的不同,不只牵涉创新切入点的难易,也不仅仅是地方党政应对挑战的机会选择,而是关系我国制度变迁和善治能否逐步实现的关键环节。一个社会要实现善治,必须要实现政府和民众之间的良性互动,处理好政府和民众之间的委托代理关系。这样的良性互动和委托代理关系,不可能是天生的,而是需要后天培养训练的。我国制度变迁和创新的过程,也就是这种培养和训练的过程。这里有两个影响他们之间关系的因素值得我们特别注意:一是对政府来说,既需要其内部的行政监督,也需要外部来自民众的政治监督,来保证政府的廉洁和高效;对于民众来说,既需要接受政府的公共服务和管理,也需要能动地参与地方治理的政治过程,以保护自己的经济权益和实现自己的政治权利。只有这样,才能够克服政府和民众之间的信息不对称,实现共赢。二是组织程度差异所导致的不平衡。从组织程度来看,政府和民众是不对称的。组织程度高的政府很容易利用其强势地位左右和控制民众的选择,使其处于从属地位。这一点在我国表现得尤为明显。由于自组织水平低和没有直接选举党政官员的权利,处于被控制和从属地位的民众,当其经济和政治权益被长期忽视甚至剥夺时,这种被忽视或者剥夺的感觉,会最终导致政府和民众矛盾的集中爆发,产生破坏力很强的社会动荡,直接影响国家的法制建设。

很明显,社会中组织程度低和处于弱势地位的民众对地方治理过程的参与,是我国实现政府和民众良性互动和善治的短板。

从这一点来看,浙江省温岭市参与式预算制度创新的路径选择更侧重于处于弱势地位的民众参与,抓住了我国体制和社会转型的要害。

改革是一个从易到难的渐进性过程。各级地方党政根据各自面临的不同情况,自主选择制度创新的突破口和路径。以地方预算的管理和审查监督为例,在开始阶段,选择从体制内以结果为导向的绩效预算,提高地方财政执行的效率,和采用信息技术建设公共财政网上办公平台,来堵塞制度上的漏洞,都可以在把风险控制在较小范围内的条件下,实现政府财政运作效率的大幅度提高。由于这些创新是与现行体制相适应,所以可以大大减少推进的难度。但是笔者仍然认为,我们在实施这样制度创新的同时,也要看到其局限性。即这样的创新在体制内缺乏动力,需要一个有改革意识的开明领导来强力推行,因而容易发生"人走政息"结局。也就是说,在创新的可持续发展方面,这种类型的制度创新有着先天的缺陷。那么,是不是形成了制度,就可以保证创新的可持续发展? 实际并没有这样简单。殊不知,一项制度要能够保证其可以长期贯彻执行,是由多种因素共同决定的:一是制度本身的可行性;二是执行制度的成本收益分析;三是制度背后各种博弈的力量对比是否大体平衡;四是与民众的切身利益的关切度。所有这些因素都是变动的,是需要不断完善的。这些因素中缺少任何一条,都会导致制度的式微和作用的中断。在此情况下盲目相信有了制度就有了创新可持续性的保障,就会变成一种"制度迷信"。因此,制度创新需要不断提高民众的参与程度,完善民众的参与渠道和发挥民众参与的作用,逐步使制度创新的可持续发展建立在民众参与和监督的基础之上。

对于那些一开始就面对严重的干群矛盾,把民众参与和监督放在首位的制度创新,也面临着如何将创新科学化、规范化和系统化的挑战。要清醒地认识到,虽然这些创新中民众的参与和对政府的监督可以逐渐改变当地的政治生态,使参政变成民众的生活习惯,但也必须看到,在我国,不仅目前民众的参与渠道少,组织程度低,而且现有的参与渠道也常常不太通畅。所以,能否真正给民众带来实际的福利,是保持民众政治参与积极性的关键。同时,地方治理是一个科学的管理体系,是有规律可循的。简单的民众参与,并不能解决政府治理的所有问题,这就是为什么发达国家的地方政府都聘有职业经理人来从事政府日常管理工作的原因。就以政府的公共预算管理改革为例,上海市闵行区在政府内部实行以结果为导向的绩效预算管理,和江苏省江阴市采用信息技术建设公共财政网上办公平台等做法,实际上仍旧是浙江省温岭市以参与为特色的制度创新需要加以学习和借鉴的。只有将这些做法与民众的广泛参与结合起来,才能做到政府治理的科学化、规范化和系统化。

　　政府是分为各个层级的。不同层级的政府面临的任务也不同。所以,不同层级的政府在制度创新方面也会有各自的特色。但是,统观各国和国内各层级政府机构的制度创新,也有一些共同的特点。概括起来说,就是无论什么形式的制度创新,都必须扩大参与、竞争和监督。在这里,参与是制度创新的基础,其作用类似于产权制度在经济体制改革中的地位;竞争是制度创新中合理配置社会资源和提高政府绩效的手段,在竞争过程中实现正淘汰和激励作用;监督是制度创新过程中的程序保障机制,它保障参与和竞争在合法的制度框架下的公正、公平和公开。这三者在制度创新中缺一不可。一种制度创新可以在某些条件下和一段时期内突出以上三者中的某一方面,但如果不能使三者有机结合,则这种制度创新就有夭折的危险。因此,从事制度创新的领导者需要在理论上和实践中对此有清醒的认识。

三、我国省级党政治理和体制改革

在我国体制改革、创新和可持续发展过程中,省级党政,作为仅次于中央的地方政府,在我国政府领导体制和政府治理领域内扮演着非常重要的角色。自改革开放以来,省级党政在治理和制度操作方面,逐渐获得了更大的空间。但是,随着改革深化带来的社会利益的分化,利益集团的出现和壮大,在省级党政治理层面上,出现了较为复杂的局面。其对中国改革发展、社会和体制转型的影响,值得我们关注和研究。

1. 强化了"官本位",省级党政有了自己的利益

我国改革是从放权让利开始的。决策的分散化和利益的多元化,首先给予了市场经济的细胞——企业自己的利益。同时,在权力自上而下地放下去时,各级地方官员很快明白,这种权力可以为他们带来利益。这就强化了我国历史上存在的"官本位",并使多年来带有全局意识的"党本位",让位于"官本位"。多年来我国实行的"中央出政策,地方来管理"的做法,也强化了省级党政维护自己利益的意识。为自己留住更大的利益,或者从中央那里争取来更多的利益,已经成为省级党政的自觉意识。而且他们还发现,在自己手里留住更多的资源分配权,对于解决省级党政本身的各种问题,控制和凝聚省内各市县领导的人心,是必不可少的撒手锏。这种自利性主要表现在以下两个方面。

第一,控制更多的资源分配权,并在这种分配中照顾自身的利益。这种做法一半来自过去计划经济时的习惯,一半来自对自己已有权力的维护。在放权压力主要来自中央时,地方的阻力之大,可以让政令不出中南海。而且,只要一有机会,权力就会被收

回去,或者设置更多的批准事项。

第二,当自身利益与中央政策发生矛盾时,往往会在政策执行方面利用对自己有利的一面。省级党政在执行中央政策时是有很大的选择性的。对于有损于自己利益的政策,也完全可以用地方稳定、打击基层干部工作积极性等借口来加以抵制。这种做法,在省级党政中已是普遍现象,以至于中央选拔干部时十分注重与中央保持一致这一条。

笔者在某省的调查中感到,目前我国省级党政干部中,普遍弥漫着一种"上有政策、下有对策"的情绪;普遍存在着"看见绿灯赶快走、看见红灯绕着走"的思维定式,从上到下普遍缺乏规则意识;普遍存在着将政府利益与民众利益对立起来,强调政府利益的趋势。

2. 省级党政治理的二重性:服从和博弈

尽管省级党政有其自身的利益,但是,他们毕竟是在中央的领导之下,在诸如干部管理任命、中央转移支付、国有大型企业布局、交通干线建设、财政分配比例等方面受制于中央。所以,他们的管理行为具有鲜明的二重性:服从和博弈。

从服从的角度看,省级党政是受中央控制力度最大的行政层级,主要领导直接来自中央的任命,需要直接对上负责。他们是中国领袖层可以实现其意志的主要途径,因此他们的一举一动,都直接关系到中央党政的意图能否实现。与中央保持一致,是中央对省级党政干部,尤其是主要领导干部的最主要要求,由此也可以说,仅仅有地方的政绩,而常常与中央唱对台戏的省级党政领导,是不会被中央重用的。

从博弈的角度看,省级党政也是典型的地方诸侯,不仅拥有地方的立法权,是地方法规的制定者,而且他们有着自己的利益诉求。在许多情况下，他们的利益与中央并不一致，为保护地方的利益和独立性，省级党政在治理中会有不同于中央的做法，存在着与中央的博弈。

3. 经济大省、人口大省、边疆大省

省级党政并非铁板一块。经济大省、人口大省、边疆大省显然在中国省级党政中举足轻重，这样的省级大员往往具有中共中央政治局委员的头衔，通过对中国政治决策过程的深度参与，来协调中央与地方的关系。

作为最高层级地方政府，经济大省、人口大省、边疆大省的党政领导一方面有着直接升任中央领导的现实可能性，因此他们不能对来自中央的声音置之不理，需要对来自中央的声音做出积极的回应。另一方面，这些省级党政又面临着各自不同的省情，需要对他们面临的现实问题做出反应，从而考验着他们的执政智慧。同时，就中央内部来说，也有不同的观点和声音，以及在不同时期不同的工作侧重点，如何借力发力，就成为想有所作为的省级党政主要领导的工作艺术。

经济大省之间，人口大省之间和边疆大省之间是存在竞争关系的。这是一种好现象。因为竞争，这些省情相似的地方党政，产生了制度创新的冲动，构成了他们实现善治的动力之一。也为这些地方大员搏得中央党政的相应职位，提供了基础，为中央提拔他们提供了事实依据。这些地方大员在为自己搏位的同时，也为当地的制度创新提供了一定的条件。

4. 监督力度小，寻租空间大，腐败较为严重

省级党政作为我国党政管理的中坚，权力很大。虽然他们也受到中央的监督，但力度远没有人们想象那么大。这可以从改革

开放40年来中国每个省都出现了省级贪官,而且有不少省出现了多个以上的省级贪官,可见一斑。一方面,由于他们远离基层,来自基层的监督对于他们来说,力度微乎其微。这样,省级党政会有更多的机会来进行权钱交易。而且,由于他们掌握了很多方面的资源分配权,进行权钱交易就不仅有条件,而且风险小。

另一个方面,省级官员毕竟是公众人物,处于众目睽睽之下,不仅一举一动都会有秘书或者随员跟着,而且任何行动都要安排和报告。正因为如此,一些落马贪官就是由于短时间的神秘失踪,使人产生怀疑而被查出来的。尤其是现在中央的巡视制度,在监督省级党政官员方面居功至伟,这种来自中央的直接监督现在已经成为制约省级党政腐败现象的撒手锏。

省级党政官员只要年龄合适,干得好,是有上升空间,有直接进入中央高层的机会的。这对很多有抱负的省级党政官员来说,具有很大的吸引力。就是没有升迁,在中国当一个省级官员也是成功的标志,不仅在职时尽享礼遇和尊崇,而且退休后的待遇也不错,还可以有不少兼职去发挥余热。很多省级党政官员能够守住廉洁防线,远离贪腐,不能说没有这方面的原因。

5. 制度创新空间大,风险也大,但是创新的动力明显不足

实际上,在威权体制之下,对于省级党政来说,还是有很大的自主空间的。这里的关键已经不是自主空间的大小,而是省级党政如何在当官与做事之间实现平衡。

我国的现有体制,并不鼓励地方干部进行制度创新。之所以在地方党政那里存在着制度创新,是因为基层干部遇到了他们不得不面对的困难,非制度创新不能解决。这种面对困难进行的制度创新和变革,在很多时候,并不为上级党政所肯定。有些即使

是得到肯定了,在可持续方面,也面临着上级不予支持的局面。省级党政远离基层,在其执政和治理过程中,不会遇到直面困难的窘境。最重要的是,现在但凡制度创新,都会在一定程度上削弱党政或者上级党政的权力,对这种权力进行更大程度的约束,给予民众更多的渠道来参与地方党政的决策和对地方党政干部进行监督。这些是对既得利益不利的方面,也就是说,要对现有利益进行某种程度上的重新分配,这显然是很难得到既得利益的支持。在这种情况下,最保险的做法是取得当官和做事之间的平衡。

6. 我国治理领域内委托代理的悖论

其实,在讨论我国省级党政治理和制度创新问题时,有一个更大的问题值得注意,那就是我国治理领域内的委托代理关系。

在我国的治理代理链条中,隐藏着一种悖论:由于地方官员主要是对上负责为主,必须对民众负责的我国政治领袖们,需要通过地方官员来履行这种责任,而他们在约束地方官员方面面临着监督力度逐层递减的困难,这样,实际上造成了在某些情况下领袖对民众负责的不完备性。

我们可以这样来形容中国领袖层、中间官员阶层和民众三者之间的关系。长期以来,在组织和推动经济增长的实践中,官员阶层对代理业务日益"精湛",他们与领袖层之间的信息不对称也逐渐加大,领袖层对官员阶层的监督力度由于自上而下的信息不对称而逐层衰减,因而对官员阶层的控制能力也在弱化(内部人控制)。

在这种情况下,领袖层容易陷入官员阶层软抵抗的汪洋大海之中。当承平时代的中央权力还可以对官员阶层令行禁止的时候,地方官员通过做两面人,已经在某种程度上架空了中央权力。

事实证明,在现有的体制框架中,领袖层无法大批更换官员阶层(这种更换是通过定期选举来实现的),也在控制地方官员方面存在漏洞。正是洞悉了领袖层的这个软肋,官员阶层中的某些人才敢于架空领袖层、剥削民众和贪污腐败。官员阶层可以不管身后洪水滔滔,但是领袖们却必须要考虑天下社稷,百姓苍生。这种将合法性连接在一起,但利益却各不相同,是当代中国不易察觉的政治悖论。

所以在官员合法性与领袖合法性之间建立一道防火墙,通过加强党的建设、法制建设和不断完善监督监察体系来保证党的干部与中央保持高度一致,是化解这种悖论的唯一途径。与此同时,还必须通过建立基层民主和自治,重建我国社会的基层秩序,建立官员对当地居民切实负责的政治架构,以消解官僚体系力量的泡沫式扩张,打破这种治理代理悖论。

四、我国社会组织发育、发展的路径选择
——广东省中山市的实践

改革开放 40 多年来,中国社会的结构分化大体定型:以政府官员为代表、以政府组织为基础的国家系统;以企业主为代表、以企业组织为基础的市场系统;以公民为代表,以社会组织或民间组织为基础的市民社会①系统。组织化,或者高度的组织化,是政治国家的基本特征。在我国这样一个单一制国家体制下,就更是

---

① 市民(公民)和人民分别代表了同一含义的不同外延,人民专指群体,是整体概念;市民(公民)专指个体,是具体概念。它们两者的共同点是都强调权利和义务的平衡,强调主权在民。马克思就多次使用过市民和市民社会的概念,即使晚年也是如此。

如此。与此相对应,社会的经济组织,比如企业,也是高度组织化的。非如此,则不能适应市场经济的千变万化。经过40多年的改革开放实践,我们终于开始懂得,中国需要一个健全、组织化程度较高、相对独立的市民社会,来与政治国家和经济社会相对接。这是社会实现善治和良政的必由之路。改革开放后,政治国家与经济社会首先分化,突破口是政企分开。从20世纪90年代开始,出现了民间组织和民办非企业单位,一个相对独立的市民社会开始产生,国家与社会开始适度分离。很显然,现代社会的稳定和发展,要求政府、企业和社会各司其职,相互配合,不越位、不错位、不缺位。

事实上,从计划经济向市场经济转型的国家,可以继承的制度遗产和组织资源,大都集中在政治国家和经济社会中。公民社会建设则从一开始就面临着严峻的挑战。利益格局多元化所导致的社会原子化现象,总是在两个极端跳来跳去:或者是各自为政的一盘散沙,是与政治国家和经济组织完全隔离的独立王国。当我们在不断强调政治国家和经济社会的有限责任时,我国公民社会能否承担起自己应负的有限责任,仍是个问题。这个问题的实质是,我国社会组织发展面临着路径选择。亦即是,我们寻找到了一条适合中国社会组织发展的路径了吗?

对此,广东省中山市进行了积极的探索。启动这个探索的既是上级的命题作文,也是中山市经济社会发展的现实需要。为了落实广东省委"关于把工青妇等群团组织打造成为枢纽型社会组织"的工作要求,2012年,中山市团委获得了"广东省共青团枢纽型社会组织综合改革试验区"的授权。为此,中山市团委在2012年7月拿出了《广东省共青团枢纽型社会组织综合改革试验区(中山)建设总体方案(2012－2015)》,开始在中山市进行社会组织发育和发展的探索。2012年6月25日,中山市沙溪镇发生了

一起因一名 15 岁外地少年与一名 13 岁本地少年之间的个体冲突
而引发的群体性事件。该事件造成外地少年亲戚和同乡 300 余
人的聚集,并出现有人向龙山村委会和沙溪镇政府投掷石块等物
品。此群体性事件虽经中山市委、市政府与沙溪镇委、镇政府及
时与群众代表对话得以解决,但也反映出中山市政府对本地居民
与外地居民的群众工作力度不够,行业协会与其他社会组织发育
滞后等问题。

　　自从我国改革进入深水区,我们就必须在"党的领导、人民当
家作主和依法治国"之间取得平衡。这就是为什么广东省在社会
组织培育和发展方面,要充分发挥"工青妇"的枢纽型作用的原
因。在我国,共青团作为有着深厚政府背景以及党和国家后备人
才培育基地的体制内组织,一直深得党和政府的信任。同时,共
青团又在青少年领域社会组织中具有"龙头"和"核心"作用,具
备一定社会组织的属性,是以社会组织的形式出现在社会活动中
的。因此,共青团具备与其他社会组织亲近的天然属性。这是否
意味着,我国社会组织的发育和发展,成本最低和最终要走的路
径,必然是与现有体制优势相结合的制度创新之路? 至少从目前
来看,有大量成功的地方治理制度创新案例证明这是一条可行
之路。

　　但是,需要共青团在青少年领域社会组织发育和发展方面起
枢纽型作用,并不意味着它就一定可以起到这样的作用。也并非
官定的枢纽型社会组织就一定能够比民间的枢纽型组织更起作
用。枢纽或者非枢纽,只能在社会的实践和竞争中产生,以对社
会的实际影响力和对青年的实际吸引力来论成败。所以,能否真
正起到这样的作用,还需要看当地共青团组织及其领导人本身的
制度创新能力。可喜的是,我们在中山市看到,经过几年的实践,
中山市团委已经初步摸索出了一套行之有效的培育和发展社会

组织的做法。这种做法被概括为"枢纽型社会组织创建计划——青年社区学院、社会企业、枢纽型社会组织'三驾马车'拉动综合改革和推进社会建设"。

实践中的制度创新,首先来自思想观念的解放和更新。时任中山市团委书记是个典型代表。他认为,实行市场经济,是在原来的权力体制之外,产生了一个新的资源交换和配置场所。人们可以不再完全依附于传统体制,通过市场获得各种"自由流动资源"和"自由流动空间"。社会的价值尺度、标准和目标也发生了相应改变。随着资源逐步向社会开放,社会组织蓬勃兴起,一个政府、市场、市民社会三足鼎立的格局逐步形成。在这种情况下,寄希望于通过强化权力实现社会管理,基本上不可行。必须从社会的"被管理"走向社会的"自我管理"。这个转型过程,是社会的自我生长和发育过程,也是社会从"被管理"转向"自我管理"的重建与秩序再造过程。社会的生成离不开对社会组织的培育,因为社会组织是社会自组织能力的载体。所以,社会组织越丰富,社会的生活就越能够有序进行,社会转型的风险也会越低。枢纽型社会组织建设,既是寻找构建"国家-社会"新型关系的合适切入点,以此推动和实现一些领域内的政社分开、官办分离,让社会组织积极有效地承接政府在社会管理和公共服务环节上的一些职能,也是社会转型的前置环节和转型过程中的过渡阶段,在这个阶段,通过培育孵化各类社会组织,引导它们发展壮大,从而适应政府对社会管理从主导到引导的转变。相对于社会管理来说,社会建设是一个更大的范畴、更长远的目标。社会建设所指向的市民社会主体,能够制约权力,驾驭资本,遏制社会失序。

青年社区学院在"三驾马车"中扮演着培养和挖掘具有社区建设热情和能力的青年人才;营造青年公共生活空间,促进新老中山人融合;推动社区和谐善治,营造基层公序良俗的重任。自

2012 年 7 月 14 日黄圃镇开设首家青年社区学院,至 2012 年 12 月底中山市已在 10 个区镇开设了青年社区学院。免费向 18 – 45 岁的广大青年授课 60 余门,累计服务人数已超过 5300 人。社区学院采取政府购买服务的方式,利用区镇文化站所的场地,设有专职人员 1 名,负责社区学院日常协调工作。为了给青年社区学院提供智力支持,2012 年 8 月市团委发起组建中山青年智库,凝聚中山本土有志推动社会建设的各类青年精英,至 2012 年底,已吸纳 86 位社会人士,授课类别超过 15 个。①

社会企业目前在我国还是个新生事物。但是在中山市社会建设的"三驾马车"里,已经扮演了重要的角色。通过中山市的实践,笔者认为,社会企业的本质属性是企业,是与社会服务相结合的营利机构,通过商业运作,赚取利润以扶持弱势群体,促进社区发展和社会企业自身的投资。社会企业成立的目标是希望通过企业策略及商业运作,创造社会价值及实现社会目标,在兼顾"社会责任"和"自负盈亏"营运目标的同时,力求社会各方得益,实现"多方共赢"。社会企业所实现的社会目标包括:满足社会需要、创造就业机会、促进员工发展、建立社会资本、推动可持续发展等。"运用商业手段,实现社会目的"是对社会企业简单的定义。从笔者考察的清风自游人公益服务中心、五桂山南桥公社和慈善爱心店等社会企业来看,中山市社会企业发展还处于初步摸索阶段。

社会企业是解决当前许多社会组织经费缺乏,单靠政府购买服务难以生存发展的有效方式。同时,鼓励社会人士参与支持社会企业,也是实践行善、帮助他人的良好社会公益的行为。目前,

---

① 共青团中山市委员会、中山市青年联合会:《中山青年社区学院、中山青年智库简介》,2012 年 12 月。

社会企业要解决的首要问题,是要有一个可持续的盈利模式。只有能够生存,才能够发展,也才能够为社会服务。所以,社会企业与那些承接政府购买服务的社会组织不同,它们必须通过自己的商业经营赢得市场和利润,才能够实现服务社会的目的。从慈善的发展史看,社会企业是经济社会发展更高阶段的产物。由于社会企业在更大程度上体现了公民社会的自我管理,是社会自组织能力的充分体现,所以,社会企业的发展也在更大程度上反映了公民社会的成熟程度。

中山市为了培育和发展社会组织,组建了四种类型的社会组织孵化基地(亲青家园),多渠道筹措设立市镇两级青年社会组织孵化基金。

第一种类型是通过政府孵化社会组织。中山市将石岐区迎阳小学1500多平米的旧址改造成具有公共空间、联合秘书处、独立办公空间以及督导评估处四大功能的基地,面向全市各民间社会组织进行独立空间竞标租赁,从而打造成政府孵化社会组织的模板。

第二种类型是原有社会组织裂变出新的社会组织。如青年社会组织清风自游人将位于石岐区逢源商业街的基地,进一步改造后,成为青年社会组织的裂变器。

第三种类型是中山青年社会创业园。该园集中山青年综合服务中心、中山社会企业孵化中心、数字化共青团总部基地以及异地商会能力建设等孵化器于一身,为中山社会组织和社会企业创业发展提供全方位的服务。

第四种类型是中山市团委与香港中山青年协会、中山市青年创业协会共同发起创立"鲲鹏展翅"创业计划——中山市外来务工青年融资租赁项目。该项目遵循社会企业运作模式运营,突破了目前小额贷款对外来务工人员的约束,利用融资租赁方式对外来务工青年创业提供帮扶。以设备租赁的方式,协助外来务工青年解决创业过程中设备购置问题。

中山市还举办了第 6 期社会企业"亲青汇训练营"广东青年社会组织骨干(中山)培训班,设有 7 门专业课程,为 160 多名青年提供学习机会,还赴外地学习考察社会企业建设经验,进一步厘清并普及社会企业建设理念。目前,中山市总结出了社会企业发展的三条路径:一是推动目前管理运营好、社会责任感强的企业向社会企业转型;二是引导具有社会责任感的企业家创办社会企业;三是以 NGO 组织为载体创办社会企业。

枢纽型社会组织的培育和发展,是我国社会转型,政府运作模式转换的前置环节,是重构"国家 – 社会"关系的一种尝试,也是政府对社会管理从主导到引导转变的必要条件。中山市通过各种枢纽及其"同心多层"的组织体系,整合了各类青年社会组织,进而影响、引导、凝聚更广泛的青年,积极有效地承接政府在社会管理和公共服务环节上的部分职能。中山市共青团是中山市枢纽型社会组织的重要载体之一。他们认为,要使自己在社会组织的培育和发展上有吸引力和竞争力,就要解决共青团的转型问题。为此,他们提出要实现由机关干部动员社会青年的间接模式,向青年社会领袖动员年轻人的直接模式转变;由意识形态教化模式,向基于见识的参与式、解难式动员模式转变;由格式化的宣传工作,向多样性的沟通工作转变;由系统的灌输形式,向快节奏的体验模式转变。由此他们提出要建设数字化共青团、服务型共青团和专业化共青团。数字化共青团,积极运用新媒体和文化活动,创建青少年引导工作新方法;服务型共青团,启动新企业家计划,推动志愿服务事业发展,关爱外地流动务工人员,建设新中山青年服务中心;专业化共青团,成立中山法律顾问团,推进中山青年大讲堂、"精英有约"等学习活动,承办"亲青汇训练营",实施

"箐英鸿业奖学金"计划等。经过 1 年多实践,中山市团委牵头孵化了"小海鸥"外来工子弟艺术团、市青年产业工人作家协会、中山青年发展现代农业促进会等 6 个青年社团。至 2012 年 12 月,各区镇孵化青年社会组织 138 个,大体覆盖了中山市青少年领域的各个方面。

中山市团委将"三驾马车"的改革路径概括为:青年社区学院,扎根社区,挖掘和培养青年社会领袖,营造青年公共生活空间,促进新老中山人融合,营造基层公序良俗,助力社区和谐稳定;社会组织,由各类青年社会领袖通过枢纽型社会组织和其他社会组织,来吸引、服务青少年,促进自我提升,并承接政府在社会管理和公共服务上的一些职能;社会企业,运用商业手段实现社会公益目的,不断反馈青年社区学院和社会组织,促进两者可持续发展。"三驾马车"相互支撑,不仅有效覆盖了目前社会建设的各类载体,而且形成了开放式的良性循环,是推动共青团参与社会建设、创新社会管理的重要抓手,共同承担了将抽象的社会概念在实践层面落地生根,参与协同治理,助推社会善治的任务。

我国改革的规律之一是增量改革,然后用增量去激活制度存量。细查中山市"枢纽型社会组织创建计划"制度创新,也是如此。在"三驾马车"中,社会企业培育和社会组织孵化基地建设最具有突破意义,也可以称之为增量。由于它们的发育和发展,客观上要求共青团组织职能的根本转变和青年社区学院职能的重新定位。由此形成了社区学院、社会组织、社会企业相互支撑和相互服务,共同推动中山市的发展和与政府之间在社会管理及社会建设上的分工和配合。笔者认为,今后中山市社会组织培育和发展,也在很大意义上,取决于这两者的发展和巩固水平。

任何制度和社会转型的过程,都是一个此消彼长、新旧交替的过程。在此期间,我们既可以看到大量新生事物的涌现,也可以感到旧的习惯做法慢慢退去的痕迹,同时还可能存在矫枉过正。中山市的制度创新亦是如此。在中山市考察期间,笔者对社区学院的课程设置很感兴趣。据中山市团委介绍,社区学院课程设计主要通过摸底调研和问卷调查,根据学员学习兴趣来设置。这种做法是正确的。但如果要把社区学院也当作挖掘和培养青年社会领袖基地的话,仅仅根据学员要求设置诸如社交与礼仪、人身健康、交谊舞、演讲与口才等课程是不够的。社区学院要有意识地引导学员向参与社会治理方向发展,根据社会发展和承接政府部分社会管理和公共服务职能的要求,介绍社会管理和社会建设方面的知识,如政府运作和社会参与,社会企业的创建和管理,社会组织的自我管理和治理等,为社区民众参与政府治理做知识储备和人才储备。

笔者在《广东省共青团枢纽型社会组织综合改革试验区(中山)建设总体方案(2012 – 2015 年)》附件中看到了一份"任务分解表",具体规定了中山市 24 个区镇,16 个市属委,5 所大专院校,7 个外省市驻中山团工共计 52 个单位,在 2012 至 2015 年改革试验的 4 年里,每年新建体制内社团数、联系骨干青年社团数、孵化青年社会组织数、青年社会组织实体化数、"亲青家园"孵化基地数、新建青年社区学院数、新建社会企业数。按照规划,到 2015 年底,中山市将新建体制内社团 72 个,联系骨干青年社团 150 个,孵化青年社会组织 510 个,青年社会组织实体化 152 个,"亲青家园"62 个,新建青年社区学院 24 个,新建社会企业 24 个。这个任务分解表给笔者的第一印象,是中山市是否又在进行一场"社会组织培育和发展的运动"。我国目前的体制有很强的资源动员能力,原因就是政府权力的高度集中。1996 年笔者在与其他学者共同完成的"县乡两级政治体制改革"研究课题中,就将我国地方政府的运作模式概括为分权式的压力性体制。所谓"加压驱动、热锅理论"。问题是,我们现在面对的是市场化的分散决策环境,是要从压力型体制向民主合作体制转变,是要让社会实现自我管理,并且分担部分政府让渡出来的社会管理和公共服务职能。如果一开始我们在培育社会组织和社会企业方面就又回到了"被管理"的轨道上,那么由此产生出来的数字,又有多少实际意义? 我希望我的这种感觉并不代表中山市的实际情况,也不是中山市制定任务分解表的初衷。但是很清楚,旧体制的惯性是如此强大,作为一种工具,也是如此好用,即使像中山市这样已经浸润在市场经济大潮中几十年的发达地区,其管理方法也很容易不自觉地走上习惯的老路。如果换一个思路,从中山市人口规模出发,来预测4年试验期间社会组织和社会企业的发展规模,并辅之以政策和资金的支持,真正培育出几个有代表性的社会组织和社会企业,并使其产生榜样的作用,或许可以收到事半功倍的效果。

第二章　在创新中实现制度转型

在本章中,我们将把关注的焦点放在几个案例的具体分析研究上,以期揭示出在实践中是如何在创新中实现制度转型的。可以说,任何制度转型都不会是一帆风顺的。其中经历的风险、阻力,甚至失败,都不是研究者在书斋中能够想象的。唯其如此,不仅更能显示出案例分析的魅力和深度,而且能揭示出的我国制度转型的规律,这样才更生动和更有说服力。

一、做一个负责任、讲信用的地方政府必须从透明政务入手——四川省巴中市巴州区白庙乡"政府公务费支出明细公示"制度创新

转型时期面临的一个重大挑战,是如何建立和保持执政的合法性。这种合法性不仅来自上一级或者更高级党委政府的授权,更重要的是要得到当地人民的认可和信任。党委政府与民众打交道,就如同人与人的交往一样,要负责任和讲信用。由于地方党委政府用的是民众缴纳的税款,是公共资金,是民众授权的代理人,所以,要想得到人民的信任,做透明政府是基本的要求。

随着我国经济体制改革和民主政治的发展,已经有越来越多的事实证明建立透明政府和透明政务对于保持党委政府执政合法性的重要性和紧迫性。但直到今天真正愿意尝试的实践,仍然非常稀少。其主要原因不外是干部的思想障碍和官员利益自我

约束。正如汪洋同志在十二届人大一次会议安徽代表团全体会议上所说,"如果说 30 年前改革解决的是意识形态问题,那么现在就是利益问题,改革实际上就是拿刀割自己的肉,需要全体下决心,必须要坚定信心。"李克强总理在同次会议答记者问时也指出"现在触动利益往往比触及灵魂还难。"

显然,对于较为富裕的地区和县级以上的地方党委政府而言,搞透明政务会触及更多的既得利益,自然也会招致更大的阻力。所以,相对贫困的乡镇和财力单薄的边远地区,往往会成为我国建立透明政务制度的先行者。如果这样的乡镇又是由一位勇于开拓创新的党委书记来领导,那么这种制度创新就会水到渠成了。白庙乡就是这样一个典型。

1.“政府公务费支出明细公示”制度创新的主要内容

白庙乡地处巴中市边缘山区,是巴州区最偏远、最贫困、生活和工作条件最艰苦的乡镇。那里的乡政府连一辆公务汽车都没有,干部办事均靠租车或乘公交车出行。全乡 10 个行政村,1 个居委会,1.1 万人口,常年有 70% 的劳动力外出务工。2010 年人均年收入 3393 元。取消农业税之后,白庙乡政府没有收入,支出全靠上级的转移支付,除工资外,真正能够被乡政府支配的资金只有 16 万元,其中 8 万元是固定可以从上级拿到的,另外 8 万元需要乡政府向上级申请多次才能落实。至今还有农业税时代留下的 380 万元债务。白庙乡党委政府在谈到“裸账”创新动力时是这样描述的,它既是党的十七大报告“必须让权力在阳光下运行”的要求和国务院《信息公开条例》的规定,也是贫困乡镇解决干部和村民抱怨,“给群众一个明白,还干部一个清白”的客观需要。现实生活中,常听到老百姓说干部是吃吃喝喝的干部,都是贪官。任何辩解都苍白无力,只有拿出数据给大家看,只有把一笔一笔的支出公开才能说明问题。同时,贫困乡镇要打开工作局面,也需要一个突破口。在巴中市委党校和四川省委党校有关专家的开导和启发下,白庙乡于2010年1月开始将政府公务费支出明细予以公示。

白庙乡"政府公务费支出明细公示"项目的创新之处主要体现在:将"两表五步法"作为财务公开的运作载体和流程平台。"两表"是"白庙乡公务费统计表"和"白庙乡资金结算运行表"。统计表主要针对经办人办理过程中的操作问题,运行表主要针对财务人员做账的操作问题,两表用以保障公示数据和报账数据一致,避免"做假账"问题。"五步"依次为"申请—经办—申报—公示—结算"。

为了优化公务费支出结构,白庙乡还推行以招待费、会议费和工作餐费为内容的"三费一差"细化接待标准,公务费支出不得超标;通过"月费限总、淡旺有别、逐月推进、轻重缓急"把控预算总额。

为确保数据公开真实有效,实行了"五方会签"制度。经办人、业主、证明人、审批人、安排人依序在公务费支出统计表中签字,力保业主原始账、汇总统计账、公开公示账、会核凭证账"四账"吻合。

为确保财务公开深入持久并成为常态,白庙乡研究制定了公示告知、情况反馈、过失问责、运转保障、人代会专题报告等五项制度。

公示告知制度和情况反馈制度增加了群众的参与度。一方面,将财务公开的内容、地点、方式等信息告知群众,方便群众了解;另一方面,收集整理群众意见建议,每年还须至少进行两次群众满意度测评,以不断改进公开工作。

为增强公开工作的权威性和约束性,实行了问责制度。在公开工作中,因不遵守相关规定或工作失误造成影响或不良后果的,一律启动问责,追究相关责任人的责任。

为从经费方面保障公开工作的正常运转,实行了运转保障制度。每年划出专门经费用于开展公开工作,并建立"一月一簿、一项一本、一主一表、一表一票"的专门账本,确保公开工作的正常进行。

实行财务单笔明细公开的"三新三强":一是公开内容新、针对性强。财务公开的内容细,不笼统,是单笔明细,一笔一笔细到几元钱,很到位,跳出了公示传统的"经济类"和"功能类"的争论。二是公示流程新、操作性强。把"两表五步法"作为公务费流程平台,既解决了经办人办理过程中的操作难的问题,又解决了财务人员做账假的问题。三是公开方式新、前瞻性强。采用多种方式全方位公开。在白庙乡人民政府网站和公示栏上公示乡公务费;乡各部门、各村设置规范的政务公开栏进行各自公务费公示;乡级各部门和村委员会还召开干部和群众代表大会,通过"村民评、村民议"等形式公开财务信息;有特殊需要的,采取手机短信、书信、电话、实地会议等方式进行公开,解决了公开工作走过场的老大难问题。

财务的有效公开促进了白庙乡经济发展、社会稳定、人文和谐等综合效益的提升。通过财务公开,"三公"消费得到有效遏制,两年节约了9万元;管理更加规范,弄准了业主的账务,杜绝了重算、多算和冒算;改变了"乱口子"当家的状况,干部更加自律,办私事也租公车的现象几乎没有,"找票报账"的虚假现象很难看到了;领导班子更加团结,班子成员相互少了些猜疑,多了些信任,少了些怨气,多了些和气——和谐的班子战斗力显著增强。

白庙乡打造透明政府、诚信政府,让权力在阳光下运行的尝试,取得了较为明显的成效:一是招商引资初获成功。截至2011

年底,落户白庙乡的塔基公司已经投资 3000 万,带动农民种植金银花 5150 亩 232 万株;山东芦花鸡公司在白庙乡的投资也已经开始运作了;紫光公司、广东绿添公司、山东有机农业公司等也正在联系考察中。二是群众对相关工作的满意度有了大幅提升。项目实施以来,相关测评统计数据显示,群众对党务公开、政务决策公开、政务运行公开、财务公开、民生工程公开、惠民政策兑现公开、财政预决算公开、公务费支出结构、公务费支出量和公务费支出公开工作的满意度分别为 88%、94%、90%、96%、78%、86%、96%、84%、80%、90%。中央电视台、上海电视台、新华社、人民网、《人民日报》《四川日报》《华西都市报》《南方周末》等数百家媒体从不同角度持续对白庙乡进行了数万篇次的报道。

2.“政府公务费支出明细公示”制度创新所面临的挑战

“政府公务费支出明细公示”项目的深化和可持续发展仍然面临着诸多严峻的挑战。从内部来说,建立公开透明的政府只是民主治理内容之一,在此基础上为农民提供公共服务才是地方政府的主要工作。白庙乡作为贫困乡镇,公共服务水平低下。例如,干线公路附近乡镇农电改造早已完成,有的还进行了第二期、第三期的改造,而白庙乡 95% 的村农电一期改造都没有进行;村村通工程、干线公路改造在附近的乡镇都已经完成,而白庙乡 11 个村,至今只有乡政府所在地有一条硬化道路。2011 年白庙乡低保覆盖率只有 8%,农村养老保险尚未推行,农民致富无门,成了被遗忘的乡镇。显然,如何利用“政府公务费支出明细公示”制度创新所产生的效应,在近几年内争取上级政府更多的资金,来改善当地的公共服务水平,为农民寻找到更多的致富门路,协调与推动当地经济发展,已经成为白庙乡面临的新挑战。

　　从外部环境来看,白庙乡的制度创新,在巴州区、巴中市产生了强烈的震撼,使其上级领导和其他乡镇感到即将面临的严峻挑战,并不约而同地有了危机感。有专家在点评"全裸乡政府"时曾十分形象地称,白庙乡政府"全裸",就像一块小石头投进了国家政务信息公开的巨湖,有助于由小变大,由点到面,推动整个中国的民主政治建设。其实这只是问题的一个方面。另一个方面,这种颠覆了中国官场潜规则、严格约束主要领导干部权力、断了那些想多吃多占的人财源来路的透明政府建设,也惹恼了一些干部。在这些干部看来,白庙乡的制度创新是"另类"和"没事找事"。尤其是该乡的上级巴州区领导,面临着要对这种创新表态的"难题"。要说支持吧,他们既没有充分的思想准备,也不乐见自己的权力受到严格的监督和限制;但是要表态反对,则不仅与党中央对地方各级人民政府提出的财务公开急切要求和基层人民群众翘首期盼的民生大事相悖,而且也是逆民主化的潮流而动,会受到舆论的批评和谴责。所以最好的态度就是沉默。早在2010 年 6 月白庙乡制度创新刚刚进行了半年时,乡党委书记就在互联网上受到了集中的攻击和谩骂。此后,巴州区有领导在干部会议上对白庙乡的做法公开提出批评,并声称互联网上的攻击不是个人行为,而是组织行为。笔者 2011 年 11 月在与白庙乡主要领导个别交流时,当谈及此事,他们仍难过哽咽得说不下去。

　　这样一种为白庙乡人民广泛认可,而被当地某些领导干部视为"另类、多事和没事找事"的制度创新,充分显示出目前我国地方党委政府中某些官员的思想,与人民的期望之间的巨大差距。白庙乡制度创新之所以在这样的环境下还可以持续两年之久,就不能不提到中国目前干部管理体制的影响力。在中国,党政一把手被赋予了很大权力,因此,一旦掌握这种权力的主要领导是一位改革者时,就会为当地持续的制度创新创造出较为宽松环境。

白庙乡制度创新就遇到了这样的机遇。时任巴中市委书记的李仲斌，早在成都市新都区工作时，就因乡镇党委书记的"公推直选"改革而著名。因此他对白庙乡的创新之举，给予了充分的肯定。在"一把手"威严的保护下，白庙乡经历了一段"有惊无险"的创新之旅。但是，随着2011年李仲斌调任四川省司法厅厅长后，白庙乡才开始真正体会到创新外部环境的艰难不易。这时，甚至有领导直斥白庙乡"你以为现在还是李仲斌当书记的时候吗？"这真实反映了我们体制上的一个悖论：一方面改革需要具有创新精神、手中又握有权力的领导者来推动；另一方面，完全依赖权力高度集中的领导者的推动，又有可能使改革走入死胡同，人走茶凉，人走政息。

其实，这样的担忧笔者在调查时就已经感受到了。当我们在与白庙乡九村、十村的农民代表座谈时，农民们一方面对乡党委政府建设透明、公开政府的努力十分赞赏，表示这是一个负责任的政府应该做的；另一方面，他们也对这样做了之后，会不会得罪上级领导和有关部门，会不会因此影响到上级对白庙乡的财力支持和公共服务提供，表示十分担忧。同时农民们还表示，仅仅一个贫困的白庙乡这样做是远远不够的。如果只有白庙乡实行"公务费支出明细公示"制度，而其他乡镇和上级党委政府的公务费支出仍既不公开也不透明，还是起不到对干部的监督和约束作用，也不会对改变中国政府整体行为产生什么作用。

白庙乡的干部在这种严酷的外部环境压力下，不得不做出某种妥协，以求得改善与上级领导的关系和此项改革的生存和发展。白庙乡现在已经大幅度减少了接受媒体采访的次数，即使接受采访也刻意回避了他们在改革创新中遇到的困难，放弃了参加第六届中国政府创新奖的陈述和答辩机会，也同时放弃了本可以获得的第六届中国政府创新奖提名奖。白庙乡已经把主要精力放在上级党委政府更加重视的招商引资等工作上,少谈或者不谈自己的制度创新。但问题是,这样的低调和妥协可否使白庙乡制度创新的"苟延残喘"? 某些视白庙乡创新为"另类"的领导就真的会在这样的妥协和低调下,放过白庙乡的制度创新吗? 在笔者看来,白庙乡的这种无奈选择,其实是折射出了当地日益恶化的制度创新环境,显示出我国在建设透明政府方面还有很长的路要走。

但是,笔者认为,就像 1998 年四川省遂宁市市中区步云乡的乡长直接选举一样,虽然至今仍没有广泛推行,但是谁也不能否定当年步云乡直选对推动中国基层民主的意义。也许白庙乡的制度创新不会在近几年得到推广,但是白庙乡的做法,其意义远远超出了白庙乡本身。它的真正重大意义,在于开创了中国彻底透明政府的先河。这是有里程碑意义的事件。透明政府正是我国建立民主治理,实现善治的奋斗目标。

3. 党的十八大后白庙乡出现的新变化

2012 年 11 月,巴州区委办公室撰写的调查报告《立足资源做文章、围绕市场调结构——关于白庙乡加快农业产业发展的调查与思考》,刊发在巴中市委内刊《调研与决策》第 86 期上。对此,2011 年底新上任的巴州区委书记张平阳要求印发全区供大家学习借鉴。2013 年 1 月份,张平阳书记又亲赴白庙乡考察农业产业发展。这是一个信号,表明在经过 2011 年炼狱般的经历后,白庙乡似乎终于迎来了上级领导的肯定。尽管这个肯定局限在白庙乡的农业产业发展方面,但是事实很清楚,没有白庙乡从 2010 年以来一直坚持的透明政务制度创新,白庙乡目前的农业产业大发展是不可能实现的。

变化不仅在上级领导对白庙乡的态度,只要看看白庙乡政府的网站就可以发现,2010 年前,主要是"三公"经费网上公开,现在党务、政务、财务全公开。与 3 年前相比,网站上还增加了"招商引资""政民互动"等新栏目。目前,这两个栏目网民点击率最高。

信访状况也发生了变化。2010 年之前,白庙乡每年信访上访次数不低于 30 次,而 2012 年不超过 5 次。因此,通过政务公开,政府进一步构建起与当地群众的信任关系,并巩固和深化了已较为密切的干群关系。

在白庙乡,政务公开还对干部作风建设形成一种倒逼机制。政府财务公开了,群众信任了,上级支持了,媒体也报道了,因此干部们必须做得更好,必须自觉在改进作风、为民排忧解难上继续有所作为。所以,白庙乡领导认为,公开不仅是防腐剂,公开也是生产力,更是稳定的"减震器"。

最明显的变化还是透明政务创造了一个责任政府和诚信政府的投资洼地,吸引了众多企业的垂询,5 家农业产业企业落户白庙乡,全乡三分之一农户与这 5 家企业建立了生产关系。正常年份人均增收 600 元都困难的白庙乡村民,2012 年农户人均增收 1200 元。

企业投资一般都很谨慎。落户白庙乡的 5 家企业都有个共同的项目落户"三部曲":先从网上初步了解,然后质疑,最后实地求证。落户白庙乡的中药材种植企业总经理花了 3 个小时浏览乡政府网站,10 多天后从山东飞到白庙乡考察。金银花种植企业总经理也先研究了白庙乡网站信息,之后主动与白庙乡党委书记张映上联系。2011 年,在白庙乡发展金银花产业的塔基公司组织村民开会,公司总经理感慨地告诉村民:"要不是通过网络看到白庙乡政府在打造透明、诚信政府上的努力,也许我们会选择其他地区。"

巴中宏源农林公司是第 4 家落户白庙乡的企业。企业负责人实地考察确认后才"下单"。为这次"联姻",宏源公司考察了 1 年多。第一次"相亲"是大量报道白庙乡"晒裸账"后不久,公司董事长与张映上书记首次见面,张映上拉着他在白庙乡考察了一番后,但董事长没有表态。随后,尽管张映上一再邀请,该事仍未有结果。2011 年,宏源公司的股东们接二连三来到白庙乡,在不惊动政府的情况下,直接走访农户和前期进入的企业,"悄悄"询问对政府的看法,了解干部素质。一年后该项目敲定。该公司负责人认为,做现代农业企业,天时地利人和缺一不可,在自然禀赋符合要求的前提下,当地政府的作为就是天平上重要的砝码。目前,该公司已在白庙乡发展核桃 4600 亩,三年内要发展到 1.5 万亩。

在龙头企业带动下,目前,白庙乡的金银花、土鸡、白蜡、核桃、中药材等特色产业初具规模。2012 年,5 家企业带动的农户人均增收达到 1200 多元,增幅是 2010 年的 4.3 倍。这就是政府创造环境,社会经济发展的良性循环,也是我们搞民主政治建设的出发点和落脚点。

对于原来一些人担心透明政务会导致上级对白庙乡的财政支持力度下降的情况,在经过最初的艰难岁月后,也开始发生转变。现在上级来人不降反升,对白庙乡的投入不减反增,民生建设资金和项目逐步增多。

当地不少干部群众都有过这种担忧,但事实战胜了忧虑。不仅巴州区委书记张平阳 2013 年 1 月份专门来白庙乡考察,而且在巴中市开展的新农村建设重大民生工程"巴山新居建设"中,白庙乡也得到了有力的支持。近两年,上级在该乡投入的民生建设资金和项目远远多于 2010 年以前。张映上书记也认为:"由于上级的项目支持和乡上产业的起步,现在我抓发展和民生有了实实在在的抓手和载体。"

白庙乡 2010 年开始实行的透明政务,所创造的良好招商引资软环境的优势,终于在近两年逐渐显现出来。张映上书记认为,既然出名了,就是个机遇。我们要提升品牌经济效益,要让白庙乡产品挂上"诚信"品牌。让白庙乡在"传统农业填肚子,外出打工修房子,现代农业挣票子"基础上,走向"品牌农业保面子",让所有白庙乡人感觉有尊严、很体面。

对于白庙乡的探索的可复制性,张映上书记认为,从目前他们的探索来看,是符合白庙乡实际的。农村税费改革后,中央财力能够基本保证各级地方政府日常运转,这提供了物质条件;老百姓基本越过温饱迈向小康,这个阶段更加关注与强调群众的知情权、参与权、表达权、监督权,这提供了社会条件;干部绩效工资规范后,衣食基本无忧,这提供了道德条件。这些条件具备后,公开与否就在干部本身了。但政务公开有不同形式和载体,不必千篇一律,只要能确保群众知情权,密切干群关系,促进地方经济发展,就是有效的公开。

4. 透明政务与公众参与

现阶段老百姓基本越过温饱迈向小康,需要更加关注与强调群众的知情权、参与权、表达权和监督权。就白庙乡来说,由于本级政府没有财政收入,完全依靠上级的转移支付来维持政府运转,所以目前还只能停留在群众的知情权上,政府没有更多的公共资金供民众参与决定投向。但是可以相信,随着白庙乡经济的发展,政府可支配收入必然会获得增加,白庙乡的透明政务制度创新必然面临着新的挑战。在此,笔者相信一些地方政府在民众参与方面的做法,可以为白庙乡今后的发展,提供一些有益的借鉴。

其实,早在 2004 年,上海市南汇区惠南镇的居民,就通过点菜工程,参与选择和决定镇公共服务资金的投向,以实现镇域内公共服务均等化。该项目还获得了 2008 年第四届中国地方政府创新奖的提名奖。2005 年,浙江省温岭市的新河镇和泽国镇,也通过人大代表和民众参与投票,来选择当地政府公共服务资金的投向和工程项目。

无独有偶。笔者 2013 年 4 月 10 日在美国哈佛大学肯尼迪学院聆听了纽约市议员伯莱德·兰德尔(Brad Lander)先生介绍纽约市从 2011 年开始在第 8、32、39、45 选区实行参与式预算的情况。2011 - 2012 财年,纽约市上述 4 个选区共拿出 500 万美元由民众参与决定投资项目。2012 - 2013 财年准备拿出 1000 万美元搞参与式预算,共有 8、19、23、32、33、39、44、45 等 8 个选区参与。

在谈到为什么要进行这项制度创新时,兰德尔认为,以前的预算政策是没有经过民众讨论,也没有引起民众的注意,而且公共服务资金来源于民众的纳税,所以让民众参与是应该的。现有的预算讨论形式,各有其利弊。比如:听证会和代表会议,民众基本只能听;政府网站消息基本只是看;特定团体和市政厅会议,基本是协商性质;市民团体和各种理事会组织,只能有限的参与;只有参与式预算,才真正是公众参与。

对于什么是参与式预算,兰德尔认为,是指社区成员直接决定部分公共服务预算资金的使用方向和项目。这意味着:首先,是实质性地决定钱用到什么地方,而不仅仅是协商提出意见。其次,是决定年度的公共资金使用,而不是某个项目。最后,通常是部分预算,而不是整个预算。

整个决策过程是:首先由居民提出各种设想,然后由居民代表归纳为项目建议书,再由居民对各种建议书进行投——最后由市政府在预算资金范围内对选定的项目投资。目前,在全世界有超过1500个州、市、县、公共住房、学校和社区组织进行了参与式公共预算改革。美国最早是2009年在芝加哥市进行了这项试验。具体时间安排是:9至10月确定社区需要,挑选社区代表;10月至第二年2月召开代表会议,起草项目建议书;2月将项目建议书反馈给社区居民,听取居民意见;3月至4月社区居民对项目进行投票;4月项目实施和监督。整个参与过程历时8个月。

以兰德尔先生所在的第39选区为例。2011－2012财政年度,各个社区居民共计提出了864个建议,其中219个建议具有合理性,经过讨论形成了20个项目建议书,最后投票选出7个项目获得政府公共预算资金支持。

在这个过程中,4个选区共有8000名居民参与了这个活动,2400名居民提出了2000个关于社区公共建设的建议,超过250名社区志愿者对项目进行了研究、分析,形成了78份建议书,随后,6000名居民参与投票,共选出了27个项目由政府进行投资。由于在整个参与式预算实施过程中,4个选区的议员全程参与,所以,他们的民意支持率较上一年提升了43％。

至于纽约市参与式预算改革所面临的挑战,兰德尔先生认为,一是时间太紧;二是纽约市人口来自世界各地,语言复杂,相互交流困难;三是法定选区不是社区,难以形成共识;四是由民众决定的政府资金太少;五是处理好民选官员、社区领导人和支持组织之间的复杂关系仍是问题;六是如何扩大参与式预算的范围、制定社区发展计划的整体框架和维护平等参与等问题。

兰德尔也提出了解决这些问题的思路:一是深化参与;二是对政府职责的重新认定;三是深化对公共领域管理工作的认识;四是兼顾包容和效率;五是推动政府部门内部和跨部门间的合作;六是对居民区发展计划开展公开对话;七是培养新领导人;八是2012－2013财政年度,在8个选区进行参与式预算改革,期待效果超过上一年。

尽管在这里谈到美国纽约市的参与式预算改革好像距离白庙乡的政务公开有些远,但是笔者认为两者在精神上是一致的。公共资金来源于民众的纳税,所以地方政府公开政务和政府公务费支出明细,让更多的民众参与决定公共资金的使用方向是政府的职责之一。只有这样,才是负责任和讲信用的政府的作为,政府执政的合法性才是有保障的。

有人认为,白庙乡透明政务的改革,向前迈一步是先进,迈两步是先锋,迈三步就是先烈。这是指改革的力度和社会的承受程度之间的辩证关系。笔者不认为白庙乡在政务和财务公开方面当了先烈。实际上,有些事情就是"山重水复疑无路,柳暗花明又一村"。笔者清楚地记得2005年浙江省温岭市的新河镇开始搞参与式预算时,各种非议层出不穷,看笑话的人也不少,多少人断言新河镇的试验肯定夭折。果然,到了2007年,新河镇的参与式预算审查差一点就搞不下去了,当地领导换了,不想搞了,而且召开人民代表大会时也没有人再提参与式预算审查了。但是,在学术界、舆论界、温岭市和台州市人大等各方面的关注和督促下,温岭市新河镇还是勉强坚持了下来。

笔者相信我国各级政府的财政公开是必须的,也是刻不容缓的。白庙乡先迈出了这一步,已经在中国政治发展的历史上留下了自己的足印,以后历史是要记住白庙乡的。中国有十几亿人,有几万个各级政府,但是,能够在历史上留下名字的,屈指可数,能够在史书上提到的中国地方政府恐怕也是少得可怜。但是,白庙乡以政务的公开是能够在史书上青史留名的。

做事情,只要认准是对的,就要坚持下去,不管遇到多少困难,多少挫折,也不能放弃。不放弃,不抛弃,事情就可以做成了。当年中国革命多困难啊,但是老一辈革命家从来没有放弃过。我们今天也应该这样。

二、风险评估：民主决策的关键机制
——四川省遂宁市重大事项决策风险评估机制

处于社会转型期和城市化进程中的国家,都会面临利益调整和社会财富分配的重大挑战。与经济快速发展伴生的,是社会矛盾的突出和显性化。由于我国处于集中计划经济体制向市场经济体制转型的过程中,现有干部管理制度和政府官员自身的利益诉求,往往使权力缺乏监督和制约,与民争利,出现专权、越权和缺权的现象,从而影响社会的稳定,使社会矛盾和冲突出现叠加效应。因此,对于我国来说,如何将改革的力度、发展的速度和社会可承受的程度有机统一起来,实现从保稳定向创稳定的转变,是各级地方政府面临的重大考验。

面对这一考验,地方党委政府要实现创新社会管理,首先遇到的就是如何解决普通民众对地方党委政府官员的监督问题。

对此,四川省遂宁市进行了"重大事项社会稳定风险评估机制"制度创新。2011 年 11 月和 2012 年 3 月,笔者两次对这项制度创新进行了实地考察。考察期间,走访了位于蓬溪县宝梵镇的中国红海生态农业旅游开发区项目、遂宁市创新工业园"南强堤"工程建设项目、遂宁市船山区"中国西部现代物流港"、船山区仁里镇观音湖文化旅游度假区,先后召开了 6 次座谈会,与遂宁市政法委参与项目和实施的领导干部、县乡镇村的基层干部、开发商、项目受益农民等各层面人员进行了深入交流,获得了大量第一手资料,比较全面地掌握了"遂宁市重大事项社会稳定风险评估机制"从 2005 年创始至今的发展、深化、推广的过程以及项目的特色和创新点。

1.遂宁市重大事项社会稳定风险评估机制出台的背景

遂宁市地处成渝经济区腹地,辖两区三县,幅员面积5325平方千米,人口385.2万人。"重大事项社会稳定风险评估机制"制度创新,产生于当地政府对社会维稳机制面临重大挑战时的深刻反思。用遂宁市原政法委书记魏福友的话说,就是"建立这个机制,不是凭空想出来的,而是在实际工作中思考研究出来的。"进入21世纪以来,随着遂宁市企业改革和城市化进程的加快,现实生活中出现了大量的矛盾和冲突,有的甚至十分尖锐。

由于过去的项目决策机制在认真听取群众意见、保护群众合法利益方面出现短板,因而在遂宁市招商引资、工业园区建设、城市改造等方面,由征地拆迁等引发的与群众利益的冲突凸显,常常出现"开工典礼就是停工""政法委书记成了消防队长"的现象。在这种严峻挑战面前,遂宁市委市政府痛定思痛,决心进行制度创新,彻底改变过去常常把公安干警放在第一线的做法,要从源头上解决问题,在重大工程建设上彻底解决与民争利问题。他们深切感受到,把改革的力度、发展的速度和社会可承受的程度有机结合起来,把加快一方发展与维护一方稳定有机统一起来,实现从保稳定向创稳定的转变,是深入实践科学发展观、构建和谐社会的必由之路,也是将各级党委政府及其干部置于群众监督之下的新型发展道路。

2005年初,针对一些地方在重大工程建设时酿成群体性事件的实际,遂宁市委市政府在全国率先探索建立了《重大工程社会稳定风险评估制度》。2006年,遂宁市将评估范围拓展到作决策、批项目、搞改革和其他事关群众切身利益的重大事项。2007年,规范评估工作流程,建立由5个大项、14个子项组成的社会稳定风险评价体系。2008年,建立健全报告审批、分级备案、联席会议、目标管理、监督检查等五项制度,推动工作落实。2009 年以来,遂宁市在市、区(县)、乡镇三级成立评估工作领导小组,在重点部门和行业组建评估专家库,健全完善了"党委统一领导、政府组织实施、主管部门具体负责、维稳部门指导考核"的组织领导体制和运行机制。不断拓展评估范围,大力开展行业评估,31 个市直部门结合职能制定专项评估办法 36 个,明确应当开展评估的重大事项 76 项。2011 年,遂宁市委市政府出台《遂宁市社会稳定风险评估工作细则》,把开展社会稳定风险评估,列入各级党委、政府及其职能部门和具有行政管理职能单位的决策程序,深入推进社会稳定风险评估工作在各个领域广泛覆盖,力求做到应评尽评。

2. 遂宁市重大事项社会稳定风险评估机制的创新之处

这项制度创新之处在于:第一,彻底贯彻了"凡是群众不拥护的就不实施,凡是群众不满意的就不开工"的思想,让被拆迁群众全面参与项目的征地拆迁补偿全过程。丈量群众房屋、土地面积有农民代表参加;确定房屋、土地补偿标准有农民参与讨论;补偿领取方法由农民讨论决定。他们创造性地在红海生态农业旅游开发区项目中商定开发商在年初就将土地租金交给农民。2007年,创新工业园南强堤征收的 189.93 亩土地,每亩补偿费为 4.65 万元,比当时的平均土地补偿费高出了 1 万多元。2010 年,在进行圣莲岛观音湖旅游文化度假区规划时,进行了社会稳定风险评估。通过对全岛农户安置意见的调查问卷和入户访问,了解到80% 的农户希望就地安置。所以政府尊重民意,通过调整规划,建设安置房、护洲堤,虽然多花了 2 亿多资金,但得到了绝大多数农民的支持和拥护。

第二,制定贯彻了一整套制度。确定五类事项必须进行风险评估:一是与群众切身利益密切相关的重大决策;二是关系较大范围群众切身利益调整的重大决策;三是涉及较多群众切身利益,并被国家、省、市、区(县)确定为重点工程项目建设;四是涉及相当数量群众切身利益的重大改革;五是关系广大群众切身利益的社会就业、企业排污、行政性收费调整等敏感问题,以及重大商贸、文体、庆典等活动。围绕合法性、合理性、安全性、适时性、可行性等五项内容开展评估。评估采取五步工作法:一是制定评估方案;二是广泛征求意见;三是全面预测风险;四是编制评估报告;五是审查评估报告。贯彻五项制度推动工作落实,包括评估报告制度、分级备案制度、联席会议制度、目标管理制度、监督检查制度。运用党委政府、人大政协、新闻媒体、人民群众、维稳来访五种渠道全程监督。严明五项纪律实施责任追究,包括检查述职、一票否决、组织处理、纪律处分、追究刑责等。

第三,将风险评估作为领导机关决策出台前的刚性要求和前置条件。遂宁市政法委认为,风险评估不可能避免矛盾,而是要预见矛盾,研究怎么解决矛盾,什么时候解决,要有解决矛盾的方案,解决不了要向群众讲清楚。他们认为,风险评估不仅是经济补偿问题和环境问题,而且是政府转变发展指导思想,转变经济发展方式,有效约束政府行为的现实途径。风险评估不仅是政法委和维稳办的中心工作,而且也是地方党委政府的中心工作之一。维稳办要借助党委政府的各部门力量,进行综合指导和督查。目前,在遂宁市社会稳定风险评估制度已经深入人心,成为各级政府决策的首要工作,产生了对新制度的路径依赖,从而在很大程度上改变了当地的政治生态。

在遂宁市调查期间,我们见到了蓬溪县宝梵镇华山村63岁的农民胡才学,其一儿一女在成都打工。2009年,"红海生态园"征用了他的住房和承包地,公司对他原住房补偿了4.28万元,他个人再付 5 万多元,住进了新建的 260 平方米的新居。新居住小区的水、电、气、电视、电话、互联网等配套设施,由政府负责建设。每年胡才学可以从红海公司领到 4000 多元的土地租金,他和老伴在红海公司做园林工和保洁工,每个月还有 2000 多元的工资收入。宝梵镇华山村农民刘代涪,4 个儿子在外打工,原来 400 多平方米的旧房得到补偿费 11.3 万元,再花了 12 万元住进了 700 多平方米的新建小区住房(三套),每年有土地租金收入 8000 多元。为了帮助失地农民增加收入,当地政府、项目业主、失地农民共同投资建了一个养猪场,计划规模为 5000 头,现年出栏 700 头,可为每户失地农民每年增加收入 3000 - 4000 元。还有"红叶杨专业合作社",红叶杨是速生树,由农民种植,公司提供种苗、技术培训,产品收购,既可美化红海生态园环境,农民也得到了实惠。由于该项目实施前就按照规定进行了风险评估,在实施中实行了"一个项目、一位县级领导、一个项目秘书、一套班子、一套制度",在动员农民出让土地,农民住房和土地面积丈量、补偿标准、租金发放方法、农民集中居住点选择等方面,充分听取农民的意见,让农民代表全程参与,公开、透明,协商解决遇到的各种问题。该项目实施 2 年来,进展顺利,没有发生一起上访事件,农民、业主、政府三方都很满意。

3. 寻找到一条在目前缺乏直接选举的条件下,民众有效监督地方党委政府的路子

如何解决对地方党政干部的有效监督,始终是目前我国地方政府实现善治的难点。一般认为,对地方党政干部的直接选举,是实现对地方干部监督的最有效的方式。但是在目前我国地方政府乡镇、县、市等层级还没有普遍实行直接选举的情况下,如何实现对地方干部的有效监督就面临着严峻的挑战。这也是这些

层级腐败案件高发的主要原因之一。

遂宁市在探索把改革的力度、发展的速度和社会可承受的程度有机结合起来,把加快一方发展与维护一方稳定有机统一起来的过程中,对所有涉及群众利益的决策进行社会稳定风险评估,在评估的过程中听取民意、联系群众、接受群众的监督。并把这种做法形成制度,用市委市政府文件的形式,自上而下地要求所属各级地方党委政府认真执行,并由遂宁市政法委和维稳办监督执行。这样,就把自下而上的来自群众的压力,与自上而下的领导的压力结合了起来,在一定程度上起到了群众通过直选地方干部,来监督地方干部的作用。

以笔者调查的遂宁市船山区仁里镇圣莲岛观音湖文化旅游度假区为例。这个工程涉及圣莲岛猫儿洲村 800 多户农民的切身利益。为此,船山区和仁里镇组织了以主要领导带头的 100 多人的镇、村、社群众工作队,深入每户进行问卷调查和征求安置意见。他们根据 80% 农户希望就地安置的意见,修改了异地安置方案,改为就地安置,为此新建安置房和护洲堤要多花 2 亿多元,有些地方需要填高 10 米。他们根据"共性解释、个性解决"的原则,到每一户农民家做工作,少则 3－4 次,多则 10 次以上,针对一个个具体细小的问题,一个一个地解决。在旧房评估、拆迁补偿、土地征用价格、安置房分配、取土补偿等问题上,先后进行了 4 次大型风险评估,用时一年多。仁里镇的干部告诉我,评估是"在争论中开始,在吵闹中进行,在掌声中结束"。他们通过评估深切地感到,"没有不懂道理的群众,没有做不通工作的群众,只有不会做工作的干部"。当地干部形容他们做群众工作的特点是"千万精神":千山万水、千辛万苦、千呼万唤、千言万语、千方百计、千丝万缕。试想,在这样的氛围中,政府的善治才是可预期的。

目前,圣莲岛的开发在征地补偿、拆迁安置、生活保障、就业增收方面,做到了:①居民生活保障落实到位。一是把岛内居民全部纳入失地农民保障中心,发放生活费;二是将符合条件的农民纳入城市最低生活保障;三是所有人员享受 50 元/月的移民后扶生产安置资金。使所有劳动年龄内的人员最低每月领取 180 元,劳动年龄外的每月领取 220 元。45 岁以上人员参照城镇下岗职工购买养老保险,到龄领取养老金。②拆迁安置政策执行到位。严格履行"拆一还一"承诺,水气安装按照拆迁面积 20 元/m² 实行补助,安置房市场价格 5000 元/m² 左右,按时拆迁的每户还有 6000 元的奖励。岛内 80% 的居民财产收入达到 100 万元以上。③补助群众就业服务到位。免费创业培训,政府提供就业岗位 100 个,菜摊 50 个,工具 50 套,驾驶小车培训补助 800 元,购买三轮车补助 3000 元。④土地征收补偿到位。严格按照前三年平均年产值 1720 元标准执行,土地补偿和安置补助两项之和达到 30 倍,并将土地面积从 1358 亩调整到 1629 亩,使人均多得 1 万元。笔者参观了新建的农民安置房,其质量之好确实出乎意料。当地农民也感叹自己这辈子做梦也想不到可以住上这么好的安置房。

目前,我国自上而下的干部管理体制,很容易使干部们重视上级命令,忽视民众呼声,也堵塞了民众监督地方干部的渠道。但是,遂宁市的重大事项社会稳定风险评估机制,恰恰找到了一条在目前缺乏通过直接选举来选择、监督地方干部的条件下,使干部对民众负责的路子。显然,这种制度创新不仅对于决策的民主化、科学化大有裨益,而且也在一定程度上实现了地方干部对民众负责,民众监督党政官员的目的。

4.遂宁市重大事项社会稳定风险评估机制的执行效果和面临的挑战

"重大事项社会稳定风险评估机制"制度创新,带来了显著成效。截至 2011 年 10 月,遂宁市共对 533 项重大事项开展了社会稳定风险评估工作,得到群众拥护,顺利实施和分步实施的共 474 件,占 88.9% ;暂缓实施的 34 件,占 6.4% ;被否决不准实施的 25 件,占 4.7% 。2005 年以来,遂宁市连续 6 年获得四川省经济社会发展目标考核和维护社会稳定工作一等奖。近年来,遂宁市建设的 2 条高速公路、4 条快速铁路,治理、拆除城中村、占道危旧房屋 53 片,改造城乡农贸市场 136 个,没有发生一起群访集访事件。6 年来,全国 28 个省市自治区的 406 个市县派干部来遂宁学习考察。

在 6 年的实践中,遂宁市的这项制度创新做到了可持续发展。但是,干部中长期形成的对上负责的思维定式和现有自上而下干部管理体制的影响,仍是遂宁市社会稳定评估机制深入发展的巨大挑战。在我国,很多情况下一项制度创新的式微并不是这项制度的消失,而是它在执行中的形式主义和走过场,没有起到其应有的作用。笔者在遂宁市调查期间,在与遂宁市政法委的领导座谈时,他们也清醒地认识到,要想把"重大事项社会稳定风险评估机制"的制度创新不断引向深入,需要继续做到五个转变:

一是指导思想和理念的转变。要以人为本,亲民爱民,不能与民争利。

二是发展观的转变。要按照又好又快的发展,好就是要充分考虑群众的现实利益和长远利益,要先好才能快。

三是政绩观的转变。政绩要由群众来评,不能急功近利。

四是决策方式和程序的转变。风险评估要由下而上,要科学、民主、依法决策,充分让群众行使决策、参与、话语权。

五是维稳观的转变。维稳首先要维护群众的利益,这是从源头上维稳。党委政府主要领导要转变观念才能解决这个问题。

目前,遂宁市他们已经开始尝试进行"第三方评估"试验,力争将社会稳定风险评估建立在更加科学、更具民意、更有代表性的基础上。笔者认为,遂宁市"重大事项社会稳定风险评估机制"制度创新,对转变政府职能,转变经济发展方式,有效约束政府行为,实现以人为本,科学、可持续发展具有独创意义。该项制度创新符合民主、科学、法治的社会发展方向,实现了改革、发展、稳定的有机统一,是我国建设和谐社会的有效途径,也是对中央倡导的科学发展观创造性落实执行的范例。

三、幸福开远建设——西部地区城乡统筹和制度创新的开远实践

目前,我国已经进入城市化进程的快车道。与城市化推动经济快速发展相伴随的,是我国整个社会的管理和建设的相对滞后,以及如何化解我国根深蒂固的城乡二元结构。对于地方党委政府来说,除了需要通过制度创新来解决面临的众多挑战,更需要在观念上弄清楚我们推进城市化的目的、手段、途径和边界。从和谐发展出发,我国已经进入了需要把提高人民幸福感作为执政主要目标的阶段。幸福感是一种主观感受,但它是建立在一些客观基础之上的。用历史唯物主义的话说就是,人们首先需要吃、穿、住、行,然后才会有艺术和哲学的创造。我国是一个发展不平衡的国家,发展的差距在一定程度上影响着不同区域民众的幸福感受。但幸福感作为一种主观感受,其与现实的物质利益之间的关系,也有着不同的组合。大城市和发达地区固然拥有更多

的物质财富,但是紧张快节奏的生活会降低人们的幸福感。相对来说,一些欠发达地区的党委政府通过制度创新,破除体制障碍,反而会收到事半功倍的效果。笔者认为开远市就是这方面的一个实例。

1. 从落实人民的权利入手,破解城乡二元户籍制度,实现城乡人财物流动无障碍

迁徙自由,是突破我国城乡二元结构,提高民众幸福感的切入点。目前,我国一些城市正在进行农村居民迁入城市的试验。在这方面,开远市走得更远。他们在制度上基本消除了城乡人、财、物流动的障碍,实现了城乡居民的无障碍流动。

在中共开远市委、开远市人民政府《关于户籍管理改革的实施意见》(开发〔2011〕2 号)中规定,以"一好两自由"赋予全市居民更多的实惠和自愿选择权;以"三个标准"促进全市居民自由迁徙;以"四个不变"消除农村居民转户入城的后顾之忧;以"五个享受"解决农村居民转户入城的城市生活问题;以"六个统一"缩小城乡差别。真正实现"能迁徙、住得下、有发展"和"享有平等的政治权利和民主管理权利、享有平等的基本公共服务和社会福利"的目标,推动城乡一体化的发展。

"一好"是指原城镇居民和农村居民享受的好的现行政策性待遇一概不变。"两自由"是指政策选择自由。农村居民转户入城后,可以在现行的城镇居民政策与农村居民政策中自由选择其中之一。户口迁徙自由,农村居民可以自由迁移户口到城镇,城镇居民也可以自由迁移户口到农村。农村居民和城镇居民可以自由迁移户口回原籍。

"三个标准"指实行城乡统一的户口登记标准,按照公民经常居住地登记户口的原则,将公民户口统一登记为"居民户口"。实

行城乡统一的户口迁移标准,只要具备"合法固定住所""稳定生活来源"和"稳定职业"中任何一条即可自由迁移。实行城乡统一的人口分类标准。按居住地性质将居民划分为城镇居民和农村居民。这种划分与户籍无关,而只与居民居住地有关。同时,对开远市内外自由迁移开绿灯:迁出自由,无限制条件。只要具备下列条件之一者,可自由从外市迁入:①婚嫁;②有合法住所;③有稳定生活来源;④有稳定职业;⑤投资创业;⑦属引进人才。

"四个不变"指农村居民转户入城后土地承包权稳定不变;宅基地权属关系稳定不变;林权和林地使用权、所有权稳定不变;集体资产产权稳定不变。

"五个享受"指享受城镇教育相关政策;享受城镇居民最低生活保障政策;享受社会保险相关政策;享受连续的计划生育政策;享受住房保障有关政策。

"六个统一"指统一城乡就业服务政策;统一机关事业单位职工死亡后遗属生活困难补助标准;统一"三属"抚恤标准;统一城乡医疗救助、临时救助标准和方式;统一城乡退役士兵安置政策;统一职中学生资助政策。

农民进城,最担心的是他们在农村的利益能否得到保障。开远市的政策消除了农民入城的后顾之忧,从制度上切实保障了农民的利益。城里人下乡,最担心的也是他们在农村的利益能否得到制度的保障。开远市的实践为城里人下乡创造了条件。在开远市,城里人不仅可以到农村买房子,而且在买下房子后,在宅基地上翻建新房,都享有法律保护的房屋财产权。自2011年1月这项政策实施以来,一年内开远市共办理迁入城镇2908人,迁出城镇2894人,城乡居民户口迁移有序开展,数量无较大波动。

2. 从落实农民财产权入手,让农民能够从土地中获得实实在在的收益

目前,保护好农民利益,最重要的是要保护好农民的财产权益。我国农民的财产主要集中在土地承包权、林权和房屋产权上。农民要能够从这些财产中获益,就必须使它们流动起来,在流动中保值和增值。在这方面,开远市的做法值得肯定。

首先,开远市是对农民的房屋产权、土地承包权和林权进行确权颁证。后两项已经完成,农民的房屋产权的测绘、确权、发证也将在 2012 年 6 月前全部完成。截至 2011 年 10 月,已经实现 11 户农村居民房屋产权的流转,其中 6 户通过流转方便了经商或子女就业;2 户通过卖旧进城购房安家;3 户通过卖旧建新和卖旧购新改善了居住条件和生活环境。流转双方各得其所,农户在流转中得到了实惠,以前不能抵押贷款的农房现在可以抵押贷款了,农村居民建房同城市居民一样可以按揭了,真正做到流而有向、流而增效、流而有序、流而无忧、流出活力。开远市还要在各乡镇(办事处)设立农村房产、宅基地使用权流转服务站,进一步完善农村房屋产权登记、流转系统和信息服务平台,确保农村房屋产权登记和流转的自由与便捷。

其次,在土地流转方面,开远市成立了市农村土地流转服务中心,各乡镇设有服务站、服务点。从农民长远经济收益考虑,开远市鼓励以土地入股方式,让农民成为合作经济组织的股东,分享土地增值收益;支持互换流转承包方式;提倡转包、出租等转让方式;限制大规模一次性买断转让方式。截至 2011 年 10 月,开远市承包土地流转面积达 6.2 万亩,占全市承包土地总面积的 27.3%。流转出的土地主要以水果、花卉苗木、水稻、蔬菜等产业为主,提高了土地规模利用水平,增加了农业产出效益,平均每亩地

使农民增收近万元。同时,经营大户、农业龙头企业、农民经济合作组织逐渐成为流转主体,农民还可以在这些组织内务工,使流转双方各得其所。

最后,在林权流转方面,除了有相应的服务中心、服务站点外,开远市还成立了森林资源资产评估中心,为森林、林木和林地流转招标、拍卖、挂牌提供代理服务。成立了林地林木流转纠纷仲裁委员会,及时化解仲裁林地林木流转中发生的纠纷。截止2011年10月,开远市已经规范流转集体商品林82348.3亩,完成林权抵押贷款项目资产评估报告2个,已办理林权抵押贷款15起,贷款3079万元。

目前,财产性收入已经成为开远市农民致富主要来源之一。有恒产者有恒心。土地、房产、林地作为资本,其流转不仅为开远市农民带来了源源不断的收入,也成为他们自主创业的融资手段。盘活了沉睡多年的"死资产",使开远市城乡经济焕发了勃勃生机,人人有致富途径,个个有融资渠道,大家都有奔头,幸福感自然有了大幅提升。

3. 充分用好国家新农居建设优惠政策,创造农民盖得起新房、盖得好新居的条件,使开远市农民新居建设实现跨越式发展

农民住房的好坏,直接关系到农民幸福感的高低。笔者在开远市考察时看到,开远市平坝地区农村的农民住房,已经发生了翻天覆地的变化。甚至地处山区的一些村庄,其住房也建的十分漂亮。笔者从当地干部处了解到,这样的巨变,发生在2010年以来的两三年中。以笔者考察过的中和营镇跃进社区为例。这是一个以苗族为主的社区,2010年,散居各处的苗族农民撤并为一村,腾出来的土地进行连片整理,整体改造,向优势产业、合作经

济组织集中,经济效益大幅度提高。2011 年,跃进社区人均纯收入就从 8000 元突破万元。有了这样的底气,跃进社区居民敢于投入资金、贷款建新房,把整个社区建成了"别墅区"。当地干部告诉我,用不了几年,跃进社区居民的年收入,就会达到或高于城镇居民年平均收入水平。

地处乐白道办事处仁者行政村的发兴寨,有 97 户 371 人。全寨人以种养殖业为主要家庭收入,年人均产值达 1 万余元。自 2006 年开远市实施城乡统筹经济社会发展以来,在市委市政府的大力支持下,发兴寨将村内的道路、街巷全部硬化,亮起路灯,随后 94 户人家通过改建、扩建、新建住房,使村里的房屋焕然一新。

南洞通灵村则是依靠著名的南洞河,通过发展乡村旅游业实现了农民的富裕。到 2011 年 2 月,经过两年危房改造,已经拥有了近两百户新建的小别墅。青瓦、灰檐、白墙在东沟的倒映下显得格外灵动,一幢幢别墅层次错落,欧式建筑风格与中国传统风格相得益彰,浓淡得宜,仿佛生在工笔画中,分外动人。其他的如石头寨、灰土寨、地灵村、白打村、卧龙邑、左美果等村寨的农村新居建设也十分抢眼。

开远市在农村新居建设方面,先从经济条件好一些的平坝地区开始。市委市政府采取市主要领导包村的办法,并将上级的转移支付配以市政府的扶持资金,打包用在农村的基础设施建设上,修好路,架好桥,接好电,连好互联网,甚至在村寨的路灯安装上也有资金扶持。农村的交通便利了,村庄集中了,腾出的土地可以经过整理,发展当地的优势产业,如烤烟、优质水稻、花卉苗木、葡萄、农家乐等,农业的经济效益大幅度提高,反过来就带动了农村新居的建设。

相对于平坝地区,开远市山区农村的农民住房就要差许多。当然也有比较好的,比如笔者去过的桃园村,农民的住房就建设得不错,这得益于该村有漫山遍野的优质桃园。很显然,如何提高山区农民的收入、改善山区农民的居住条件,提升山区农民的幸福感,仍旧是开远市党委政府面临的巨大挑战。

4. 从落实农民的发展权入手,创造和培育鼓励农村能人创业的融资、合作、技术信息服务的环境和条件,实现开远市城乡的协调发展

城乡统筹协调发展,关键是农村的发展。政府所能够做的,除了在公共服务上实现城乡均等化,更重要的就是为农村经济的发展创造良好的融资、合作、信息服务的环境和条件。开远市在拓展农村金融服务、创新农村金融工具和发展合作经济方面做了有益的探索。

首先,开远市在发展新型农村金融组织上有了自己的创新:组建了3家小额贷款公司,创办了开远统发银行,成立了农村资金互助社。在7个乡镇设立了8个营业网点、3个业务代办点,形成了覆盖全市城乡面向农民的金融服务网,基本上解决了过去农村金融机构单一、点少、服务差的问题。

其次,在创新金融产品方面,开远市拓展了农户小额信用贷款、农户联保贷款、小企业联保贷款等具有农村服务特色的信贷产品。探索推行"五位一体"融资贷款、农村房屋抵押贷款、林权抵押贷款、土地承包经营权抵押贷款、农户建房按揭贷款等新型农村信贷产品。出台《开远市农村产权抵(质)押融资总体方案》等3个管理办法,设立500万元涉农贷款风险补偿专项基金,开远市农兴担保公司注册资金扩增到5000万元,有效防止了贷款风险,促进了要素资源向农村流动。

再次,开远市为全市9333户农户建立经济档案,进行信用评级。对评级达到条件的,农村小额信贷上限可达10万元,个人信

用贷款可达 50 万元,小型企业贷款可达 400 万元,担保贷款可达 500 万元。

截至 2011 年 9 月底,开远市投放涉农贷款 23.45 亿元,占全市贷款余额的 30.3%。全市累计有 3.5 万户农户获得贷款,贷款覆盖率达 79.5%,涉及优质稻、蔬菜、水果、马铃薯、畜禽养殖等优势特色产业,使开远市现代农业建设活力骤增。开远市农村信用社为 20 个村 2422 户农户住房建设改造发放贷款 10516 万元。金融机构在涉农服务中也得到同步发展。开远市农村信用社不良贷款率从 6.02% 下降到 4.93%。2011 年 9 月中国农业发展银行开远支行实现利润 1200 万元,人均创利达 97 万元。

在发展农村专业经济合作组织方面,开远市从 2008 年开始,大力扶持发展农村专业合作社。2011 年底,全市已有农村专业合作社 107 家,入社社员 4800 户,带动农户 49509 人,并形成了能人牵头型、大型户牵头型、技术服务型、基层组织领办型等多种专业合作方式,涌现出一批经济效益和社会效益俱佳的示范社。目前,全市近 50% 的农户通过农村合作组织的涉农服务获得效益,使开远市农村组织化程度得到了空前提高。2011 年,开远市各类农村专业合作社实现销售收入 11339 万元,带动农民增收 10856 万元。

在农村合作组织的培育和发展中,开远市创造性地提出了"三大主体论"。他们将农村的事务分为三类:农民自己的事;农村集体的事;公共事务。对应的是新农村建设的三大主体:农民、农村集体组织、党委政府。农民干自己的事,参与集体的事,支持公益的事;农村集体组织组织和发动农民干集体的事,帮助指导农民干自己的事,支持公益的事;党委政府干公益之事,帮助指导基层组织和农民个体干集体的事和农民自己的事。这一创新观念的确立,使开远市委市政府坚持了有所为有所不为和"支持不干预"的原则,既避免了无所作为放任自流,又防止了过度干涉越俎代庖,为推进有利于农民主体地位提高的组织创新和制度创新奠定了基础。

农民组织程度的提高,是我国农村发展过程中具有里程碑意义的事情,也是人民当家作主的显著标志。我国农村在实行民主选举之后,长期困扰于未能在民主管理、民主决策和民主监督方面有所突破。开远市农民通过专业合作的方式来实现组织程度的提高,寻找到一条有效化解后选举治理困境的道路。自己的事情自己说了算,幸福感也就油然而生。农民组织程度提高的意义还在于,只有组织起来的农民,才能够与党委政府形成互动,参政议政,监督政府,实现政府和民间的互补和善治。

5. 开远市能够做到的,其他西部市县也能够做到吗?

开远市地处云南南部,是云南省重要的能源、化工与建材基地和滇东南物资集散中心,也是一个集边疆、民族、山区、老工业城市为一体的西部县级市。全市面积 1950 平方公里,辖 7 个乡镇(办事处),31 万人口,是汉、彝、苗、回、壮多民族聚集的地区。2011 年,城市化率达到 69.5%,实现财政收入 11.9 亿元,农民人均纯收入 6438 元。

实事求是地说,开远市在整个西部省区的县级城市中,是属于发展水平比较高的。笔者曾经考察过的四川省巴中市的平昌县,该县有 102 万人,2010 年财政收入只有 1.235 亿元,而该县当年的财政支出高达 14 亿多元。笔者考察过的安徽省淮北市的濉溪县,该县有 130 多万人,2006 年财政收入只有 2.29 亿元。这些人口大县,不仅从财政收入总量与开远市相比有很大差距,而且从人均占有财力来看,就更是差距巨大。

那是不是说,开远市之所以有今天的成就,就是整体经济实力比较强的结果呢？笔者通过考察认为不能这么看。因为我国中西部省区内经济实力与开远市不相上下者众多，但是在提升人民幸福感方面能与开远市比肩者，则并不多。之所以如此，是因为开远市比别人多投入了一种要素，这就是制度创新。而且这种创新是系统的、全面的，是从落实人民的基本权益入手的。开远市的制度创新给了人民以迁徙自由，保护了人民的财产权利。开远市人民不仅可以安居，住上好房子，而且还有平等的发展机会，有渠道获得资金，有多种组织形式能够合作经营。自由、权利、平等、发展。当人民拥有了这些要素并组织起来时，就可以自己当家做主，自己决定自己的命运。在这样的条件下，开远市人民的幸福感上升就是必然。所以说，开远市的制度创新确实在幸福开远建设中起到了举足轻重的作用。

四、转变政府职能、强化公共服务的有益尝试——广东省云浮市云安区农村综合改革的启示

县级政府如何实现职能转变，为辖区民众提供均等化的公共服务，一直是我国行政管理领域改革的重大问题。对此，广东省云浮市云安区从 2009 年开始，进行了一系列有益的尝试。笔者有机会亲临其境，近距离观察这些做法，发现这些举措折射出的创新意识和对公共服务规律的把握，对于我国其他县级政府的职能转变和提供公共服务，有着很强的示范意义。

1."主体功能区划分"构建了农村综合改革的基础，代表了我国县域土地规划管理的方向

2010 年笔者在美国调查发现，在土地管理方面，包括美国在内的世界上所有发达市场经济国家的地方政府都不约而同地采

用了相同的方法：分区制土地管理方法。"分区"这个词本身是地方政府在土地规划和管理的实践中，通过批准一块土地具有与另一块土地不同的用途，并用地图表示出来而形成的。这种方法既可以确定土地的不同用途，也可以规范一个区域内土地开发和建设的性质和范围。"分区制"土地管理制度不涉及土地的所有权性质，它所规范的主要是土地的使用权。"分区制"土地管理的核心，是既要合理地利用土地资源进行经济开发，也要保护土地的自然属性，避免过度开发破坏环境。显然，这种土地管理制度与市场经济有高度的契合性，也反映了在市场经济条件下土地管理的规律。

位于广东省西部山区，经济欠发达的云浮市云安区，与中国所有其他经济欠发达的地区一样，面临着经济起飞的难题。是走"镇镇招商，村村点火"的粗放式发展道路，还是另辟蹊径，走"资源节约"与"环境友好"的经济社会发展道路；尤其是如何在实际操作层面上实现区域协调发展，是摆在云安区委区政府面前的主要问题。

对此，云安区借鉴国家和广东省进行区域主体功能划分的思路，大胆地在云安区实行"主体功能区划分"的制度建设，将全区8个镇，按照不同定位，划为三类：优先发展区（优先区）、重点发展区（重点区）和发展与保护并重示范区（示范区）。县城所在地六都镇被划为优先区，是云安区打造工业新城的主要载体；镇安镇和石城镇为重点区，既发展工业，也发展特色农业；而其余5个镇都被列为示范区，以生态保护为主体功能。时任县委书记金繁丰认为，"既然每个镇条件不一样，为什么要强求做同样的事情呢？主体功能区划分是云安区农村综合改革的基础，没有这个基础，其他都无从谈起。"

主体功能区划分的背后，是云安区对生态环境的精心呵护。

不同的定位,扭转了各镇在发展中都向 GDP 看齐的局面。主体功能区划分强调要以功能定位为核心,明确了各镇该干什么,不该干什么,并用一个体系予以保障。这种划分要达到的目的,就是不以 GDP 大小论英雄,而只以功能发挥好坏论成败。

为了保证这项制度的贯彻实施,云安区决策者们根据主体功能区划分,对各镇政绩考评指标进行了调整。例如,在综合考评总分 1000 分中,优先区、重点区和示范区的"工业总产值"指标分值分别为 140、100 和 60 分,而"农业总产值"指标分值则分别为 50、100 和 130 分,"生态建设"指标则分别是 50、80 和 100 分。在财政上,改革后县财政对经核定的镇级公务人员工资、行政经费予以全额保障,每年还向每个镇额外拨付 50 万元办公经费。此外,如果能够将企业招商到位于六都镇的循环经济工业园,相关镇还可以从项目税收中分得 50%。所以,即使不在本镇搞开发,各镇也可以获得一定收益。

这项制度实施一年后,2010 年初,云安区各镇 2009 年政绩考评结果出炉。高居榜首的,是长期以来只能在排行榜末端游弋的经济落后镇——高村镇。该镇是 70% 为山林的山区镇。位置偏远,发展经济不易。在唯 GDP 考评的大环境下,高村镇就算没有条件,创造条件也要上项目、办企业,但效果不好,陷入发展困局。现在高村镇凭借生态保护成效显著,以及"零上访"而"维稳"获得满分,最终夺魁。

循环经济工业园的面积虽然仅占云安区的 1.09%,2009 年却为云安区贡献了 59.2% 的工业增加值和 80.57% 的税收。2010 年税收比重达到 90%。在工业园之外,涉农特色产业取得了显著的发展。例如,南盛镇的粮食、高脂松、木薯、南药等传统农产业;镇安镇的蚕桑、蔬菜、鳄鱼龟、肉猪、种猪等种养业;石城镇的蔬菜、腐竹等种植业。

虽然云安区在推行土地的"主体功能划分"制度方面,并不知道发达市场经济国家地方政府的"分区制"土地管理方法,但是他们的做法却与发达国家地方政府管理土地的方式有异曲同工之妙。这说明,云安区掌握了市场经济条件下进行土地管理的规律,并在实施中取得了预期的良好效果。

2. "大部制"整合乡镇行政资源,增强社会建设能力,走出了一条基层政府为民服务的新路

向我国农村提供公共服务,乡镇政府是主体。但是我国地方政府内部门的设置,是原来计划经济体制留下的遗产。公共服务的职能在政府内部被各个不同部门所割裂,造成相互扯皮、推诿、效率低下、人浮于事,更何谈政府职能要适应市场经济的发展而与时俱进。

云安区在乡镇整合行政资源上,把原来的党政机关、七站八所分别归类整合为党政办公室、宜居办公室、农经办公室、综治信访维稳中心、社会事务服务中心 5 个大部(三办两中心)。各个部门根据为农民服务的内容,分别设相应的部门。例如,农经办公室下面就设有农村土地流转服务中心、农村劳动力服务中心、农村发展服务中心。这五个部门不是将原来的机构撤掉之后重新成立的新部门,而是将几个部门的职能整合的结果。例如,综治信访维稳中心就是信访、维稳、司法等几个部门整合在一起的。这项改革的基本出发点,是整合基层"三农"服务资源,减少办事环节,提高办事效率,转变乡镇机构职能,将他们从管理者变为服务者,加强乡镇机构实现社会建设职能的能力,让群众从改革中受益。

2008 年 10 月 18 日,南盛镇"农村土地流转服务中心"挂牌成立,成为该镇收集村民出租和承租土地信息,进行交易的平台。

中心将这些信息用电子显示屏、公布栏、网站等方式进行公布,为村民提供了便捷、高效的土地流转服务。在2年时间里,"农村土地流转中心"共规范了该镇9300亩土地的流转合同,促成了5145亩土地的流转。由于掌握了市场需求信息,农民出租土地的价格普遍有所提高。之前,每亩林地年租金不过六七块钱,而现在则达到了50块以上。2008年底,南盛镇又相继成立了"农村劳动力服务中心""农业发展服务中心",分别为外出务工农民和在家从事农业生产的农民提供服务。

"宜居办"主要职责是协调各个部门对南盛镇的村级环境进行改造。"农经办"的主要工作就是农民增收,农民在生产、外出务工等方面有困难,都可以找"农经办"来解决。对于这项改革,南盛镇有关同志认为,这项改革最大的作用就是理顺了职能,破除了部门利益,提高了行政效率,大大地减少了行政成本。

云安区乡镇的"大部制"改革实际上触及了我国基层政府职能转变的一个关键问题:要想向农村提供公共服务,就必须有与提供公共服务相适应的政府的综合部门,解决公共服务职能被不同部门分割、相互扯皮,办事效率低下的问题。金繁丰书记认为,镇级"大部制"改革是一种"最小成本,最大收益"的改革,主要是通过改革机制体制,通过对原有资源的整合重组进行的。通过改革,释放了乡镇机构的活力,提高了工作积极性,干部高兴了,群众也满意了。

3."村级社区服务合作社"实现了社会组织与政府公共服务的对接,共谋、共建、共管、共享

自从在农村基层实行了自治制度后,从理论上讲,村级组织就是农民的自治性组织。但在实际生活中,村级组织除了由农民直接选举产生外,还承担了一些农村的管理职能,比如,对农民承

包土地的分配和管理就是其中之一。而且，随着经济的发展，村民委员会在农村中的角色，更多地体现在承接乡镇党政职能的延伸方面，上传下达的作用日益明显，上级政府也在经济补贴方面，给予了村级干部更多的照顾。这样，无论从哪个方面看，村干部都越来越像是干部，而与村民利益代言人和村民需求服务者的角色渐行渐远。

这种农村的现状，显然与政府职能转向提供公共服务有较大差距。其实，要真正实现为农民服务，就要有真正代表农民的社会组织来充当乡镇党政与农民之间的桥梁，将政府向农民提供的公共服务延伸到最基层。

所以，云安区在探索农村综合改革的过程中，也必须在村一级寻找突破口，将公共服务延伸到村一级，实现服务的均等化和提升公共服务水平和城镇化水平，使村民在家门口就可享受公共服务。为此，云安区结合当地农村现状，改革村级架构，在村党组织、村委会的基础上，试点组建农村社区服务合作社。

云安区的村级农村社区服务合作社，下设经济服务工作站、公共服务合作站、综治信访维稳工作站。合作社有主任（村支书担任）、副主任（村委会主任或副主任担任）、专职干事（镇委、镇政府委派）等岗位。全体村民都是社员，社员代表大会为权力机构，其下又设有社务会（执行机构）、监事会（监督机构）。社员代表由村两委成员、"活力民主、阳光村务"工程"三组"（召集组、监督组、发展组）成员、村小组组长、村民代表以及本村辖区内的党代表、人大代表等组成。热心支持合作社的非本村人士，申请并经批准后也可成为社区服务合作社的荣誉社员。镇政府派出一位干部在村社区服务合作社担任专职干事，大学生村官也协助合作社开展工作。

根据相关规定，村两委成员为村级社区服务合作社主要发起人,合作社性质为群团组织,需到民政部门注册登记。同时,村级社区服务合作社主任、副主任将随村支书或村主任的更替而更替。而镇政府委派的专职干事,也只为合作社提供服务,不享受合作社社员的其他待遇。

据介绍,该区已制定了"议事、互动、工作、监督"等运作机制来保障社区服务合作社正常开展工作。合作社突出公共服务,强化村民参与,彰显"共谋、共建、共管、共享"的村民自治特色。

共谋,就是要坚持自下而上原则,突出群众的基础性地位。

共建,就是要坚持公众参与原则,做到村官履职与乡镇延伸服务相结合,形成镇村共建合力;群众自力与社会支持相结合,形成社会共建合力。

共管,就是要坚持村民自治的原则,做到政府指导与村民自治相结合,推动有序管理。

共享,就是要坚持以民为本原则,做到村两委发展农村经济与合作社提供经济服务相结合,让群众共享发展成果;村两委推进新型城镇化建设与合作社提供公共服务相结合,让群众共享改革成果。

村级农村社区服务合作社的具体决策运行机制是"十步工作法"。这十步是指:①梳理确定议题;②制定初步方案;③征求社员意见;④社员投票表决;⑤公示表决结果;⑥分流三站实施;⑦定期开展研判;⑧民主评议监督;⑨组织绩效评价;⑩公布结果。

目前,云安区的这项试验已经在南盛镇和前锋镇试行,并取得了较好的效果。

在村民自治的基础上组建农村社区服务合作社,其核心意义在于,用民间的社团组织来承接政府提供的公共服务,使其延伸到农村的最基层。这样做,一方面提高了农民的组织程度,使他们的利益诉求有了更多的表达渠道;另一方面也使政府提供的公共服务,有了落实的组织载体,可以达到更好的服务效果。其实,在发达市场经济国家,我们也可以看到类似的情形:基层政府向民众提供的公共服务,是通过各种基层的社会团体和民间组织来落实的。这样看来,云安区的这种试验,已经摸到了在市场经济条件下实现政府公共服务延伸到基层的脉搏。

五、实现我国农村治理体系和治理能力 现代化的有益探索:横梁方案

在当前的形势下,如何在农村地区实现公共事务管理和公共服务的公开、公平、公正、透明,使农村社会稳定,农村居民安居乐业,农村经济持续发展,农民文化生活丰富多彩,从而实现善治,是亟待探索解决的问题。

党的十八届三中全会提出要实现国家治理体系和治理能力现代化。这个现代化包括农村基层治理的现代化,具体实现方式需要各地农村的基层干部,根据党中央的总体部署和当地经济社会发展的具体情况,探索出行之有效的路径。

我们国家的制度创新,从来就是国家层面的顶层设计和基层干部制度创新的有机结合。顶层设计是主干和骨架,基层创新则是围绕主干和骨架的肌肉群组织。我们聚焦顶层设计,也不可偏废对地方治理制度创新方案的总结和推广。正是从这个意义上,笔者想在此介绍江苏省南京市六合区横梁街道在发达地区农村实现善治,在公共事务管理和公共服务方面实现公开、公平、公正、透明的"横梁方案"。

横梁街道位于南京市六合区,全街道面积 148 平方千米,6.86 万人,共有 12 个村(社区),其中行政村 7 个,社区 5 个。进入新时期以来,这里农村的经济社会发展遇到了一些瓶颈,主要表

现在,首先,由于辖区内合村并镇后行政村规模过于庞大,通常人口都在 5000 至 8000 人,下辖自然村都在 30 至 40 多个,使得行政村的干部基本上行政化了,他们忙于上传下达,落实上级布置的各项工作,反而弱化了为农民的服务,在反映民情民意方面有隔靴搔痒之感。由此,在乡镇和街道与基层农民之间,出现了明显的组织断层。上情下达和下情上传遇到了梗阻。其次,由于近年来农村土地流传加速,土地基本上已经集中到种田大户或专业公司手中,横梁街道的农民基本不从事自主的农业生产,农村青壮年大都外出务工,留在家乡的多为老弱妇孺,加之农民组织程度低,因此农村日渐凋敝,公共事务和公共服务处于无人管、无人问的状况。再次,横梁街道一方面苦于农民组织程度低,自然村一级只有一个村民小组长,上级下达的专项农村社会建设资金项目在自然村落实困难,另一方面又存在对现有的农村组织资源的闲置现象。如乡贤、企业家、退休干部、退休工人等没有很好的发挥作用。如何充分挖掘和利用好现有的农村组织资源,充分发挥他们在农村社会治理方面的特长和协调配合作用,也是摆在横梁街道党工委和街道办面前的一项任务。

鉴于此,横梁街道党工委和街道办经过认真调查分析,顺应民意,根据中共中央办公厅、国务院办公厅《关于以村民小组或自然村为基本单元的村民自治试点方案的通知》(厅字〔2016〕31号)精神,2017 年在全街道 534 个自然村选举产生了 505 个"村民理事会"(其中因 29 个自然村过小,和邻近自然村合并组成"村民理事会"),同时在自然村组建党小组,发挥基层党组织的引领作用,将政治组织和社会组织结合起来,把一盘散沙的农民组织起来,自然村党小组与行政村党总支对接,自然村"村民理事会"与行政村村委会对接,打通了上情下达和下情上传的梗阻,初步实现了在横梁街道的善治,使那里的公共事务管理和公共服务的公开、公平、公正、透明迈上了一个新台阶,实现了农村社会的稳定,促进了农村经济的发展,农民也得到了实惠。

据横梁街道党工委书记赵久峰介绍,2016 年 9 月,结合"美丽乡村建设"项目,横梁街道在三友湖村柳塘余组选举成立了"村民理事会",落实了村民的公共事务参与权,实现了村组公共事务处理的公平、公开、公正和透明。截止 2017 年 5 月 19 日,横梁街道所辖 505 个自然村及村民小组,都成立了经村民投票选举的"自治理事会"。目前,有 45 个自然村或村民小组的"自治理事会"运作良好,其他村民小组的"自治理事会"则存在一些有待解决的问题。

在横梁街道调研期间,笔者先后在上马村坝胡组、钟林村大营钟组、九阳组、石庙社区四组、金牛湖街道赵坝组,通过和理事会成员座谈,了解了村民自治组织建立后,理事会发挥的作用及其为当地村民带来的实际利益。首先,村民理事会在自然村基础上实现了自我管理和自我监督。村民通过候选人推荐、差额投票选举产生的理事会成员,都是本小组热心公益,有一定威望,思想上比较开放的能人。在土地流转、承包、建设休闲广场等方面实行自我管理,自我监督。例如,上马村坝胡组 2017 年引进的稻虾混养种植大户承包了村民流转后的土地,土地租金由 580 元每亩上涨到了 660 元每亩,使农民得到了实惠。目前这种稻虾混养技术正在当地其他村组推广,它既满足了南京等大城市里的居民对小龙虾的需求,也提高了土地的经济产出价值。在自然村建设休闲广场是横梁当地丰富农民文化生活的重大举措,也是"美丽乡村建设"项目的重要内容。这个项目除了需要来自省市区政府的项目资金支持外,当地农民的参与非常重要。笔者看到,村民理事会在休闲广场建设的设计、组织施工、保养维护等方面,积极参与,还动员了很多农民献策献力,使每一个休闲广场的建设成为了凝聚当地民心民力的吸铁石。其次,村民理事会利用熟人社会和亲情、亲缘关系,在化解农村基层社会矛盾方面事半功倍。自然村是一个熟人社会,由各种亲情和亲缘关系组成的道德约束力在村民理事会的运作下,发挥了巨大的威力。横梁街道在自然村组成立村民理事会以来,基层矛盾的化解率大幅度提高,基本做到了把农村基层的矛盾和问题解决在当地。笔者在钟林村大营钟组、九阳组了解到,当地村民理事会在"美丽乡村建设"中积极介入,化解建设过程中各种矛盾 10 余起,实现了当地农村社会生活的安全稳定。最后,横梁街道和各行政村对村民理事会在信息沟通、资金帮补、技术扶持等方面的大力支持,使得村民理事会运作更具有可持续性。自然村组由于经济规模小,人力资源少,信息闭塞等原因,往往面临着比较严重的可持续发展的难题。横梁街道和行政村的党组织并没有在成立了村民理事会之后,就一走了之,而是持续地在经济信息传递、技术支持、资金帮补方面扶上马、送一程。上面提到的稻虾混养种植大户的引进,就是街道和行政村对自然村经济发展和农民致富的信息支持。笔者还在钟林村大营钟东安组看到"地呱呱公司"利用美丽乡村建设,盘活大营钟闲置农房,吸引城市居民到横梁居住等鲜活案例。这些都与街道和行政村的信息帮扶有密切关系。为了充实提高行政村一级的干部队伍,横梁街道还实行了街道干部挂职下派担任行政村党总支书记的制度,受过这种锻炼的年轻干部在今后的提拔和使用上更具优势。

其实,六合区横梁街道之所以能够在自然村的村民理事会制度建立和运作方面独树一帜,是有原因的。因为早在 2007 年 3 月六合区金牛湖街道的赵坝自然村,就由农民自发成立了"农民议会"(现改称为"村民理事会"),来实现自然村组的自我管理和自我监督。从那时至今,10 多年过去了,赵坝村的"村民理事会"制度依然正常运行着,而且更加规范。这项来自基层农村的制度创新,也被中央认可,并在 2016 年 10 月 1 日以"中央两办通知"的形式在全国进行推广。

笔者认为,自然村的"村民理事会"在解决民主决策、民主管理、民主监督的治理方面功不可没。这项制度创新真正实现了在自然村基础上的公众参与,资源的公平分配,村组公共事务运作的公开透明。长期以来,中国的地方治理在参与、公开、公正、透明方面的改进,进展缓慢,更严重的是很难实现可持续发展。造成这种状况的原因,一是参与渠道选择不合理,形式强于内容。二是人才能力问题,原有的乡村间的组织资源没有很好的利用起来。三是形不成驱动村民持续关注的动力,尤其是经济发展造福乡里村民的动力。自然村地域规模小,人口少,青壮年外出务工者多,资源缺乏,经济规模有限。但是正因为如此,自然村是熟人社会,道德约束力强;本地企业家和乡贤奉献精神高;讨论解决的问题与群众切身利益关系密切,村民有参与积极性;在维护群众利益,反映民众呼声,提高农民组织化程度,化解基层矛盾方面,"村民理事会"都能做到事半功倍,成为基层党组织的有力助手和合作伙伴。

下一步的工作,是我们如何进一步巩固和发扬自然村"村民理事会"的优势,对其存在的问题加以解决。这就需要乡镇和街道党委政府,行政村的党总支和村委会充分认识到哪些问题是"村民理事会"自身就可以解决的,哪些问题是上级党委政府必须给予扶持和帮助的,做到心中有数,自治不干涉,而又帮扶到位。

同时,自然村的"村民理事会"制度又会倒逼行政村自治组织的治理改革,它要求在行政村一级实现参与、公开、公正、透明,以与自然村的"村民理事会"为主的治理制度相适应。

表面上看,自然村的"村民理事会"制度似乎只是把行政村一级的自治,下沉到了自然村,其实不然,因为这种下沉解决了关键的参与、公开、公正、透明问题,解决了中国农村基层自治制度的最后一公里难题,把自治真正落地了。在此基础上,乡镇和街道党委政府,行政村党总支和村委会与自然村"村民理事会"的相互支持和合作,可以既保存和发扬自然村村民自治的优势,实现中国基层治理的善治,又能够通过街道和乡镇、行政村在市场信息、政府资源配给、招商引资、人才培养等方面对自然村的引领,持续给予自然村村民关注"村民理事会"的动力,保持参与的积极性,从而实现自然村善治的可持续发展。

六、我国农村建设的基础工程: 农村社区建设的组织创新

在经历了村民自治 20 年的洗礼之后,我国农村基层组织程度低的弱点逐渐浮现。这一弱点不论对于农村的公共服务的供给,提高农民的素质,改善农村的生产和生活条件,还是加强民主管理、决策和监督,都是短板。

那么,直接将党的组织建立在农村社区,仅仅由党组织来承担组织农民的任务是否可行? 从目前实践提供的经验来看,是远远不够的。共产党作为一种政治组织,当然可以在我国农村起着某种程度上的组织作用。但是在基层的自然村,少数几个党员并不能保证他们对农民有足够的号召力和动员能力。可能他们自己本身就缺乏组织农民的合法性和正当性,因为他们在很大程度上比村里那些农民公认的"公众人物",还有相当差距。

其实,中国农村本来就不缺乏组织资源,比如,传统的家族、宗族、士绅、能人、乡情等组织资源,只是在计划经济年代里,所有农村的组织资源,都被冠以封建主义的残余而被排斥或消灭了。

那时候,普遍的看法是共产党的组织只要建立在基层,就可以会同共青团、民兵、妇联、贫协等把农民组织起来。这在计划经济的年代里是有效的。但是自从实行联产承包责任制和社会主义市场经济以后,这种组织体系就逐渐瓦解了。

我国农村在改革中,首先遇到的是实行联产承包责任制后农村事务的管理问题。人民公社取消后,我们通过实行村民自治来解决农村的管理问题。但是,实行了村民自治后,我们发现,除了民主选举时村民可以一人一票行使自己的权利之外,要实现民主管理、民主决策和民主监督,农民都必须组织起来才可能真正有力度、有力量。单个农民面对村级组织是绝对的弱势,单个农民面对其他各级政府组织就更是弱势了。

实际上,我国农民在实践中已经探索出了一些路径。例如,南京市六合区就创造了"农民议会""庄务委员会""农民议事会""村庄管理委员会"等社会组织,并与自然村的党组织、专业合作经济组织、农村社区文化组织一起,四位一体的创造性地重构了我国农村基层的组织网络体系。在这种农村社区的组织创新中,基层农民充分利用了我国传统的家族、宗族、士绅、能人、乡情等组织资源,把它们与农村基层的党组织结合起来,在党组织的领导下,充分发挥农村的社会组织、专业合作经济组织、农村社区文化组织的作用,与村委会合作,与地方政府对接,来解决当地农村的公共服务问题,农村环境的整治问题,农村股份合作经济的发展问题,村容村貌的规划和美化问题,农民的教育文化活动问题,垃圾的处理问题,等等。

南京市六合区的农民还创造出了适应不同自然村村情的不同管理方式。据我的观察,大体可以分为两类:一类是"农民代表大会"(Town Meeting)的形式。即本地没有企业家的自然村,农民通过直接选举的"农民议会"这类社会组织来进行集体决策,实行少数服从多数的原则。本着自愿、合作的原则,用股份合作制的方式来发展经济,有多少钱,办多少事。"农民议会"的议员没有工资,完全是义务为家乡父老服务。另一类是"董事会"(Town Council)的形式。即本地有企业家的自然村,农民通过直接选举成立的"庄务委员会",相当于公司的董事会,由企业家领导来进行决策、发展经济。董事会成员有工资收入。当然,就是董事会的领导形式,自然村中的重大事项也必须经过公决才可以实行。

在其他省份,也在进行一些制度创新。2009 年 9 月,笔者在河南省新密市就了解到,河南省目前正在大力推广"4 + 2 + 1"工作法。"4"指的是"四议":党支部会提议、"两委"会商议、党员大会审议、家庭联户代表或村民会议决议。"2"指的是"两公开":决议公开、实施结果公开。"1"指的是"一监督":村民监督委员会(下设党务监督、村务监督、财务监督、红白理事监督四个小组)对决策事项和实施结果进行监督。总起来说就是,所有村级重大事项都必须在村党组织领导下,按照规定的内容、程序进行决策和公开接受监督。河南省的做法主要体现在现有的组织框架内,强化村级组织办事的程序、民众参与决策和监督的渠道。这种做法得到了习近平同志的肯定。

其实,早在 2000 年 5 月,河北省武安市就有了"一制三化"制度创新。这里的"一制"是指村党支部领导下的村民自治运行机制。"三化"是指支部工作规范化、村民自治法制化和民主监督程序化。它要解决的问题是:农村中普遍存在的"党支部专权"(精确一点说,应是党支部书记专权)、"村委会越权"和"村民党员失权"(失去监督权)。武安市试图用这种制度创新来解决村级组织内部的党支部和村委会的矛盾,解决村民和党员对村级事务的决策参与和监督问题。2001 年 1 月 26 日,胡锦涛同志对河北省武安市创立的"一制三化"做出批示:"要认真总结经验,解决存在问题,完善党组织领导下的村民自治运行机制。"应该说,从内容上看,武安市在 2000 年创立并坚持至今的"一制三化"制度创新,与河南省今天推广的"4 + 2 + 1"的制度创新是一致的。

浙江省温岭市创造的"民主恳谈"制度,在提高基层民众组织程度方面也很有建树。温岭市新河镇是全国著名的羊毛衫生产基地。目前全镇共有羊毛衫企业 113 家,年产值达 10 亿元,企业从业员工 12000 多人,其中女职工 1 万人,外省务工人员 9000 多人,来自湖南、四川、安徽、江西、贵州、湖北等地。2003 年以前,这里劳资纠纷严重,仅 2003 年就发生上访 11 次 120 多人,成为影响社会稳定和企业发展的严重问题。从 2003 年起,当地的长屿羊毛衫行业工会主席陈福清,就在镇党委和上级工会的领导及有关部门的大力支持下,代表全体员工,与当地羊毛衫行业协会进行工资协商,制定了"新河镇长屿羊毛衫行业纺织羊毛衫工价一览表",提高了工资待遇的透明度,用法律保证员工"明明白白做工,清清楚楚拿钱"。6 年过去了,通过行业工会组织起来的员工,没有发生 1 起上访事件,通过工资协商,既保障了员工的合法利益,也避免了企业之间在工资上的恶性竞争。后来,这种组织形式还发展到新河镇的帽业行业工会与帽业行业协会的工资协商中。这充分说明,将基层职工组织起来,对发展当地经济,保障社会稳定的重要性。

南京市六合区在农村社区建设中,在坚持村党支部领导这一点上,与河南省、河北省的制度创新是一致的。但是他们之间的区别在于,河南省、河北省的经验是强调在现有村民自治制度的框架下来落实村民和党员对村级事务的决策参与和监督的渠道和权利。南京市六合区的做法则更倾向于在农村社区建设中,在自然村中利用除了党组织和村民自治组织之外的其他农村组织资源,尤其是中国传统的组织资源,把它们团结在共产党的基层组织周围,使政治组织、社会组织、专业经济组织和文化组织有机地结合起来,实现民众的当家作主和新农村建设。

笔者认为,南京市六合区的做法更符合目前中国农村的实际,实践的效果也很好。原因在于:他们不仅将党的基层组织下延到自然村中,而且将村民自治制度也下延到自然村。中国的自然村虽然小,一般只有几十户人家,甚至只有十几户人家,但是他们作为一个熟人社区,也有自己的公共服务需求。而这种需求在乡镇政府和行政村一级,一般是得不到反映的。比如,南京市六合区的农村,河塘需要清理、垃圾需要处理、村容村貌需要整治、村内道路要建要修、文化娱乐活动需要开展、农村土地需要开发、种植结构需要调整,等等。这些事情要是等乡镇政府和村委会来处理,既不及时,也不可能。自然村中的几个党员在这方面能起到的作用也非常有限。县区政府在提供公共服务方面,也迫切需要基层组织的配合与协调,不然,有限的公共服务资源就会被浪费掉。比如:上级绿化部门有资金为村容村貌的改善提供树苗,但是如果自然村中没有相应的组织可以对接,这种投入往往收效甚微。再比如,大众健身器械也是政府的公共投入部分,但是如果没有自然村内相应的组织进行对接,也很难起到应有的作用。更不用说很多政府补贴的农村公共服务项目,验收合格后才发放补贴费用,就更需要基层组织的配合了。

从另一个侧面看,基层农村民众的利益诉求,通过一定的组织来反映,和仅仅作为单个农民去反映,其力度差距甚远。保护农民利益是农村基层组织创新的动力之一。同时,组织起来的农民,对于地方政府的监督力度也大不一样。农民的自主管理,尤其是在熟人社会中的自主管理,将极大地激发出农民当家做主的积极性。我在六合区看到的是,农民议员不领任何报酬,义务地为几十户农民服务。但他们将自己能为父老乡亲服务视为自己莫大的荣誉,这种在乡亲们中的良好声誉,他们都极为珍视,并引为自豪。

还有,现在农村发展经济,仅仅靠单个农民去闯市场,往往具有很大的盲目性。因此,将农民组织起来,成立专业经济合作组织,用股份合作的方式来发展生产,用组织起来的农民,来面对市场,就大不一样。我在六合区八百桥镇新光村的赵坝自然村看到的是,当地农民通过了解市场行情,通过股份合作的形式,种植西瓜、养鸡、养鱼,发展"农家乐"旅游项目,收到了不错的效益。这种在自愿基础上的股份合作专业经济组织,为新农村的建设和农村社区发展,提供了良好的基础。

自然村的农民,文化生活十分单调。在几个自然村基础上成立的文化俱乐部,成为农村社区建设中提高农民素质、丰富农村文化活动的载体。这种俱乐部,不仅可以进行党员培训和远程教育,而且还是几个自然村农民信息交流的平台。年轻人可以在这里打球、健身;每到农村的喜庆日子,这里又成为农民文娱表演的场所。这里还是对农民进行科学种田教育,进行科学普及的课堂。

最重要的是,农民在这样的组织里,真正体会到了当家做主的滋味。农民用他们的组织创新将民主选举、民主决策、民主管理、民主监督真正落到了实处。这种创新代表了我国自村民自治制度推广以来,我国农村社区建设的新趋势,反映了我国广大基层农民的迫切要求,它必将成为我国农村社区发展和新农村建设的方向,成为我国农村建设的基础工程之一。

作为研究者,我们需要认真观察这种趋势,因势利导,及时总结我国基层农民的组织创新经验。我相信,伴随着我国社会主义市场经济的不断发展,我国基层农村的组织化水平的将不断提高,从手工业到分工和工场手工业,再到机器大工业,是马克思在

《资本论》中对资本主义工业化发展的描述,这是一条组织化程度从无到有的过程,也是生产力发展的客观规律。我国基层农村的组织化发展也将遵循这条规律。认准这个趋势,顺势而动,这是我们的责任。

七、我国村民自治面临转型挑战:从选举走向治理

肇始于20世纪80年代中期的村民自治,经过30余年的发展,现在终于走到了转型升级的十字路口。人们原来寄予厚望的由民主选举所应激发出的参与决策、管理、监督的动力,实际上在我国农村并未真正形成。相反,三年一次的村民委员会选举,反倒越来越形式化了。这不仅表现出村民委员会直接选举的监督功能大幅弱化,而且控制选举的成本也在降低。村民更多地表现出对村民委员会直接选举的无所谓。希望通过民主选举来强化村民的参与,加强对村干部的监督,基本成了一句空话。种种事实说明,村民自治制度面临着严峻的挑战。如果我们面对这种挑战不能做出制度创新,那么,作为我国基本政治制度重要内容的村民自治制度,将会名存实亡。其直接影响着我国社会转型的进程和质量,不可小觑。

那么,是什么因素造成了村民委员会选举越来越形式化呢?

首先,我国村民委员会事实上是一个议行合一的体制,本身没有分权制约机制。虽然《村民委员会组织法》也有关于村民大会和村民代表大会的规定,但是这种规定在现实中很难得到落实,执行起来也颇为困难。现实中,村民委员会和村党支部(俗称"两委会")在选举后,基本扮演着决策者和执行者的作用。上级对村干部的补贴也基本是对两委干部的。议行合一使得对村干部的监督基本处于空白状态,无奈之下才有"村财乡管"等相应的

来自上级指导部门的财务监督,而这样做恰恰又是违反《村民委员会组织法》的。对村干部监督的弱化,则从反面强化了村民对村级选举没有多大作用的意识,使村级选举在很多时候流于形式。

其次,农村社会发育程度低,行政村资源少,没有能力提供公共服务,农民参与成本较高。我国农村社会发展极不平衡,东部地区由于经济发达,农民的权利意识较强,参与监督的要求高,对村干部的制约力度也相对较高。但是广大中西部地区农村社会发育程度低下,尤其是这些地方的中青年劳动力大都已经外出务工,农民中参与和监督的主力一年中少在当地,对村级事务的关切度大幅降低。我国行政村集体资源少,基本没有能力为农民提供公共服务,农户的原子化现象十分普遍,这就使得农民参与公共事务的成本相对较高。社会发展程度低的直接结果,是农民关心自己家庭收入比关心村级事务的程度要高出许多。由于农民感觉不到村级事务与自己的关切度,也就不会有积极性去参与。

最后,选举和治理发展不均衡,因为后者所要求的实现条件,远比前者复杂和高级。如果仅仅从成本和能力来看,选举较之治理,不仅成本低,而且对选民自身能力的要求也低。这就可以解释为什么在我国农村可以较为迅速地推广村级直选,而要实现善治和良政却要困难得多的原因。世界上其他国家的实践也证明,实行选举的难度要大幅度小于治理的难度,所以我们可以看到很多社会发展水平较低的国家,尽管也实行了全国性直接选举,但其治理水平和管理国家的能力仍十分落后。要实现善治和良政,不仅要求社会发育水平、民众的组织程度、相应的制度创新和供给、人们尤其是官员的思想意识等要与选举达到的水平相适应,而且人们期望的直接选举向上发展,也只有在善治取得较大进展的基础上,才能倒逼选举向更上一级推进。

我们通常所说的村民自治的四个民主,是一个有机的整体。

我们不可能指望其中任何一个能够单独突进,或者说,在决策、管理、监督还处于较低水平的条件下,指望选举可以单独从村级向上进展到乡镇级、县市级是不现实的。相反,如果村民自治长期在决策、管理和监督方面落后于选举,就会逐步使选举也流于形式,失去其动员村民参与村务管理和培养村民民主意识的意义。这是一种可怕的后果,也与我国自 20 世纪 80 年代中期开始实行村民自治的初衷相悖,更与我国将来要实现的政治民主化的愿景渐行渐远。

那么,如何扭转这种趋势,在村务治理方面取得实质性进步呢? 我们或可以通过梳理我国农村改革的历程来看清这一点。

经过 40 多年的改革开放,我国农村的社会矛盾也经历了聚集、破解、再次聚集、又再次破解的过程。过去计划经济条件下的平均主义大锅饭矛盾,经过农村家庭联产承包责任制予以了破解;沉重的农村税费负担支撑起的农村公共服务,在停止征收农业税、政府加大对农村的投入之后也予以了化解;在新一轮城市化的浪潮中,以农村土地为核心的农民财产权问题已经成为目前我国农村矛盾的焦点。

如果说,家庭联产承包责任制,是农民为自己争取平等合理的劳动收益权,摆脱沉重的农村税费负担,是农民为自己争取平等的公共服务享有权的话,那么,农民对自己承包土地使用权利的保护,在更大意义上是对自己财产权利的维护,也是在更基础的意义上,主张自己的权利。这种从劳动收益权,到公共服务享有权,又到财产权的发展,显示出我国农民权利意识的觉醒,也在很大程度上反映了我国农村改革深入发展所面临的新挑战和新问题。

显然,这些矛盾依旧是发生在农村的,但仔细观察,矛盾所导致的结果已经悄然发生了变化。这种变化最明显的表现,就是基于财产权基础上的农民自组织水平的提高和与此相伴的农民参与意识的加强。

事实上,近十几年来,我国在农村加强了社区建设,建立和完善了农村养老保险制度、新农合医疗保险制度、承包土地确权和农民住房确权、基础教育保障制度、农村道路村村通、电视电话村村通、基础电网改造、种粮补贴和购买大型农机具补贴等惠农政策,这些制度改变或可归属于农村社会建设的内容,也是朝着正确的方向前进。但是在笔者看来,仅这些内容还是远远不够的。要使我国农村在决策、管理、监督为主要内容的村务治理方面有进展,还需要注重以下几点。

首先,需要将农民组织起来,与村级组织和乡镇政权形成平等对话和良性互动关系。改革开放 40 多年来,中国社会的结构分化大体定型:以政府官员为代表、以政府组织为基础的国家系统;以企业主为代表、以企业组织为基础的市场系统;以公民为代表、以社会组织或民间组织为基础的公民社会系统。组织化,或者高度的组织化,是政治国家的基本特征。社会的经济组织,比如企业,也是高度组织化的。非如此,则不能适应市场经济的千变万化。经过 40 多年的改革开放实践,我们终于开始懂得,中国需要一个健全、组织化程度较高、相对独立的公民社会,来与政治国家和经济社会相对接。这是社会实现善治和良政的必由之路。但是,小农经济是我国农业的传统,也是我国农民的特点。一盘散沙的农村和农民是没有办法与高度组织化的政府平等对话的,更何谈对干部和政府的监督。要将农民组织起来,这种社会组织则以多种形式存在。笔者近年在我国多地农村进行调查,就看到了这种发展趋势。比如,现在农村有多种形式的经济合作组织,如土地合作社、土地合作银行、各种专业性质的合作组织(蘑菇种植合作社、蔬菜大棚种植合作社)等,也有自然村的社会管理组织,如农民议会、农民议事会、庄务委员会、组务委员会等。我国农村社会组织的发展还处于起步阶段,农村社会组织的培育和发展任重道远。对此,要加以总结和鼓励,使其在成熟阶段不仅可以承接政府部分的职能,而且能通过与政府的平等对话,真正实现对政府的监督和良性互动。

其次,需要培养农村活动积极分子、社区政治家和枢纽型社会组织。农村治理水平的提高,需要农村社会组织的发育和发展,要做到这一点,培养热心公共事务的农村活动积极分子和"农村社区政治家"必不可少。我们都知道,任何事业的发展壮大,都离不开相关人才的作用。农民参与决策、管理和监督,都需要有人组织,有人牵头,有人代表。这种人才很多情况下不是天生的,而是通过后天培养出来的。让这些农村活动积极分子和"社区政治家"成为农村社区内社会组织的带头人和农民利益的代表,由他们代表民间力量与村委会和基层政府合作,来实现善治。同时,通过地方人大和政协组织,将"社区政治家"纳入制度化的轨道,对乡镇党委政府的工作进行监督,可以提高我国农村的决策效率,更好地发挥人民当家做主的作用,同时也可以降低农民参政的成本。正如农村经济的发展需要龙头企业一样,农村的社会建设,也要有枢纽型的社会组织来带动。这种社会组织不仅可以为农村社会发展提供人才和管理经验,也可以孵化和带动相关社会组织的发育和发展,以在更大程度上提高农村的社会发育程度。事实也是这样。笔者 2013 年 8 月 25 日在江苏省南京市六合区金牛湖街道红光社区官塘赫村就看到,当地村民的自治组织"庄务委员会"在带头人赫相森的带领下,不仅组建了土地股份合作社、创办了股份制的赫家庄农家乐,而且牵头在金牛湖街道创办了农民资金专业合作社,为当地农业发展提供金融服务,成为当地名副其实的枢纽型社会组织和专业经济合作组织。

再次,需要充分发掘和利用我国农村传统的组织资源。我国农村社会建设的一大短板,是组织资源的贫乏。但是目前农村通过合并村庄,一个行政村的管理半径已大为扩大。笔者在江苏省南京市郊区的农村看到,已经大量出现了5000人到8000人的行政村,一个行政村下面就有20-50个不等的自然村。笔者曾经调查过的安徽省霍山县磨子潭镇胡家河村有3000人口,分布在方圆50平方千米的30多个自然村里,而两委干部只有5人。大量农民面对的是5-7人的村委会和村党支部的干部,这些干部许多对于为农民服务,既力不从心,又缺乏动力。这样,在行政村与农民之间,就出现了自然村层面上的组织断层。弥补这个断层,现有的组织资源中并没有现成的答案。

而且,我国农村组织程度较低的短板,随着各级政府的职能转变、强化公共服务功能后而变得凸现和迫切起来。因为任何公共服务的实行,都是一个双向交流、双向选择和互相监督的过程,而不单单是政府一方的施予。高度组织化的政府公共服务去对接一个一盘散沙的农村,去对接一个个单个农民,不仅成本高昂,而且效果很差,还会因为缺乏监督产生大量的腐败现象。

事实上,我国农村本来就不缺乏组织资源,比如,传统的家族、宗族、乡贤、能人等,只是在计划经济年代里,这些组织资源,都被冠以封建主义的残余而被排斥或消灭了。那时候,普遍的看法是党组织只要建立在基层,就可以会同共青团、民兵、妇联、贫协等把农民组织起来。这在计划经济年代或许有效。但是在实行联产承包责任制和市场经济后,这种组织体系就瓦解了。今天要进行农村社会建设,利用好农村传统的组织资源,能起到事半功倍的效果。笔者在南京市六合区金牛山街道红光社区赵坝自然村调查时,就发现该自然村2007年成立的社会组织"农民议会",就是充分利用当地传统的乡贤、宗族组织资源的一次成功尝试,它解决了自然村条件下的村民自我决策、管理和监督的问题。

　　最后,需要善于总结和推广我国农村基层的制度创新经验。例如,笔者从 2006 年起一直关注重庆市开县麻柳乡在地方治理制度创新和实现创新可持续发展方面的表现,曾 4 次到该乡对他们首创的"八步工作法"制度创新进行跟踪调查研究。笔者发现"八步工作法"作为后选举治理和实现善治的主要手段,从 2003 年创立以来,已经极大地改变了麻柳乡当地的政治生态。虽然从那时至今,麻柳乡党委书记已经五易其人,干部队伍变动也不小,但是这项以"决策通过全民公决"和"干部管事不管钱"为特征的制度创新,深得麻柳人民的欢迎,不仅成为村级组织决策的必经程序和管理、监督的主要手段,而且麻柳乡干部在处理其他事务时也已经习惯于按照"八步工作法"去做,其精神已经深入到乡党委政府的日常决策、管理和监督工作中。尽管目前"八步工作法"在推广和复制方面仍旧步履维艰,但这项制度创新在其发源地的勃勃生机,再次向我们昭示着它代表着我国农村善治的方向,也说明我国政府在总结和推广村务管理和农村善治的先进经验方面,还有很大的提升空间。

　　总之,在选举和治理的关系上,要实现善治和良政,选举可以作为我国农村基层民主政治建设的突破口。因为相比较治理,其实现的条件和起点较低,也较容易实现突破。但是要想巩固选举的成果,并把选举向上推进,就需要提高农村治理的水平,使治理所体现出来的决策、管理、监督达到与选举相适应的程度,用治理水平的提高来倒逼选举向更高层级发展。否则,治理水平长期徘徊不前,则会造成选举很容易被控制,使选举沦为形式,丧失其作为民主政治建设起点的作用,成为伪民主的装饰。这样看来,治理是达到善治和良政的关键,它也是目前我国农村村民自治和民主政治发展的转折点。所有关注我国农村发展建设的官员、学者、基层干部和农村积极分子,都要充分认识到这一点。

第三章　地方政府制度创新项目何以能够做到可持续发展

　　地方治理制度创新项目何以能够做到可持续发展,确实是一个很难用几点概括就能够说清楚的问题。我国幅员辽阔,地区间经济发展很不平衡,各地的情况千差万别。在彼处的原因,并不适用于此处。那有没有规律呢? 我们通过调查研究,还是找到了一些共性的东西。下面我们就通过对一些案例的分析,来阐述这些共性。

一、我国地方政府制度创新项目何以能够做到可持续发展

　　从20世纪90年代末至今,一直是我国地方政府制度创新的活跃期。无论是县乡党政干部的"公推直选",还是重庆市开县麻柳乡"八步工作法"所代表的"全民公决"和"群众管钱、干部管事"的理念和做法,都是以扩大民众有序参与为主要内容的地方政府制度创新活动。由中央编译局比较政治与经济研究中心、中央党校政党研究中心和北京大学中国政府创新研究中心于2000年共同创办的"中国地方政府创新奖"也举办了6届,在"政治改革类""行政改革类"和"公共服务类"领域里评选出了一大批有代表性的创新案例,显示了我国政治体制改革和管理体制改革的最新进步。

多年后,当我们认真梳理和跟踪这些创新案例的后续发展时,确实为不少地方政府创新的不断深化欣喜不已。但是,我们也很遗憾地发现,地方政府的许多制度创新都面临着严重的制度瓶颈。就是那些曾经获得了中国地方政府创新奖的项目,也有许多名存实亡了。这究竟是怎么回事? 是什么阻碍了创新项目的可持续性和可推广性? 我们到底在哪些制度方面迫切需要加以改进? 在这里,笔者通过调查,结合 7 个创新案例对这些问题进行相关分析,其结果值得认真思考和研究。

1. 为什么浙江省温岭市的制度创新可以做到可持续发展

2010 年 1 月 17 日北京大学博雅国际会议中心,正在举行"第五届中国地方政府创新奖"选拔暨颁奖大会。全国 358 个地方政府申报的创新项目,经过初选委员会和专家委员会的两轮筛选,只有 30 个项目进入最后的答辩和选拔程序,温岭市新河镇的"参与式公共预算"名列其中。这不仅是 30 个入围项目中唯一一个由乡镇政府申报的制度创新,而且内容涉及我国地方政府运作中最敏感的核心地带:财政和公共预算的制定、审查与监督。其实,这并不是温岭市第一次获得中国地方政府创新奖。早在 2004 年温岭市就以"民主恳谈"的制度创新获得了第二届中国地方政府创新奖的"优胜奖"。从那时至今,笔者曾先后 5 次到温岭市考察那里的制度创新。使我感兴趣的,并不是那里出现了制度创新,而是那里的制度创新从 1999 年开始,至今仍在继续,并且不断向广度和深度发展。较之我国其他许多地方政府创新项目的昙花一现,温岭市的这一现象不禁使人眼前一亮。目前,地方政府制度创新的可持续发展,是我国体制改革的重点和难点之一。温岭市是如何做到这一点的,个中缘由,值得我们期待。

温岭市地处浙江省沿海,是我国经济发达地区。那里民营经济的发展甚至早于温州市。目前也是我国民营经济最发达的地区之一。例如,笔者访问过的温岭市新河镇的南鉴村,就是远近闻名的帽业专业村。那里常住人口只有 2015 人,却有规模以上的帽业企业 10 多家,联户企业 12 家,个体企业 270 家,吸引的外来务工人员超过了本地人口的 2 倍。南鉴村生产的帽子品种齐全,价廉物美,70% 销往东欧、中东等 60 多个国家。2009 年该村帽业总产值已达近 10 个亿,人均收入近 2 万元,交税 700 多万。经济发达自然人们的权利意识就觉醒得早,所以当1999 年 6 月温岭市按照上级部署,开展"加强和改进农村思想政治工作"活动时,就顺应市场经济和当地农民的要求,改变了过去形式主义的自上而下的照本宣科,放低身段,实行了当地党委政府与群众之间的对话。就这样,"民主恳谈"制度成为沟通地方党委政府和普通民众之间联系和信息传递的新型载体。很显然,这种适应市场经济体制的制度创新,深受当地农民和基层干部的欢迎,也取得了不错的实际效果。2001 年初,温岭市委将民主恳谈深化为一种新型的基层民主形式,并在以后的 3 年里将这一制度创新固定化为一种地方党委政府组织、引导广大群众依法有序参与公共事务的新机制。

正像自然界中有良种的蜕化现象,所以必须不断对良种进行提纯一样,在社会领域,任何制度创新如果在以后的执行中,没有在广度和深度方面有新的拓展,也必然会遇到危机。民主恳谈在 2005 年正是遇到了这样的问题。2005 年,是民主恳谈产生以来的第五年,多年的实践虽然证明了这种制度创新有一定的生命力,但也遇到了继续发展深化的制度瓶颈。我国的经济体制改革的一个鲜明特点是增量改革。也就是说,在现有的存量之外,先在改革阻力较小的增量上做文章,将增量做大做强。然后用增量来激活存量。所以我们看到,在经济体制改革方面,率先取得突破的是民营经济、中外合资经济。然后才一步步进入到对国有企业的改造和国内各种要素市场的建立,最终确立建立社会主义的市场经济体系。同样,我国在社会政治领域的改革和创新,也要遵循这一规律。民主恳谈最先是作为原有管理体制外的一种制度创新产生出来的。它弥补了原有管理体制的一个非常重大的缺陷:民众有序参与公共管理事务路径的缺乏。但是,这种在很大程度上与地方党委政府就某些关系民生的问题来征求群众意见或者召开听证会相类似的做法,虽然成为了体制外的一种制度,但也暴露出了一些问题。

首先,这种听取民众意见的做法,与现有的人大制度如何协调。我国法律规定了人民通过自己的代表来参政议政,表达自己的诉求。现在,在人大之外,又出现了一种新的民众反映诉求的渠道:民主恳谈。很显然,这两者在很多地方是重叠的。尽管过去地方人大在发挥自己监督政府的作用方面建树很少,常常被人们讥讽为"举手代表"和"吃饭代表",民众通过人大来参与公共管理的渠道也基本堵塞,但也正因为如此,激活人大的作用,充分利用现有体制中未被开发的空间,不仅可以降低改革的成本,减少改革的阻力,而且可以直接推动原有体制的改革向前发展。过去有学者提出要充分利用原有体制留下的政治遗产进行制度创新,正是这个意思。

其次,民主恳谈是地方党委政府就某些民生问题听取群众意见的一种方式。这就决定了它是不定期举行的。而且恳谈的内容也多种多样,几乎可以涵盖基层政权所面临的所有问题。但是,发起恳谈的是地方党委政府,更确切地说,是地方党委政府的领导人。这样一来,就对这些领导人的素质提出了很高的要求。也就是说,这些人要有放弃自己权力的魄力和自己主动接受民众监督的自觉性。这样一种高标准和高要求,显然在一定程度上高估了现实中广大基层干部的思想水平。民主恳谈发展的事实也证明,在没有直接选举的条件下,并不是所有干部都自觉地愿意放弃自己独断专行的权力的,也绝不是所有的基层干部都愿意接受来自民众的监督。所以在民主恳谈的推广过程中,阻力也越来越大,最后有了难以为继的危机。

最后,基层所面临的民生问题面广复杂,所涉及的利益相关者也各有不同,而且,各种问题的层次也不一样。如何寻找出一种大家都普遍关心、又是基层公共管理的核心问题,能把体制内的人大制度和体制外的民主恳谈有机结合起来的融合点,作为制度创新的新的增长点,也是 2005 年以来一直困扰着继续推进民主恳谈发展的难题。

所幸的是,在学者的指导下,温岭市把这个融合点锁定在"参与式的公共预算"上。预算是任何一个地方政府运作的实质,是实现党委政府执政目标的载体。当我们说一个政府实现了善治时,也主要是指这个政府合理地使用了财政资源,实现了预算的目标。而且预算本身在历史上就是民主政治发展的结果,是民众用以限制政府权力的工具和民众参与公共事务管理的主要渠道。美国在 19 世纪末和 20 世纪头 20 年里所经历的"进步时代",在确立法制基础上的市场经济的过程中,其中最重大的成果之一,就是实现了"预算民主",建立起上至联邦下至地方的公共预算体制,从而为后来罗斯福新政的推行,使美国成为世界超级大国奠定了坚实的制度基础。在我国,各级人大的主要作用之一,也是审议和批准政府的预算,监督预算的执行。可以说,政府预算与每一个民众的生产和生活密切相关,是大家都非常关心的问题,把民主恳谈制度创新的发展和深化定位在这一点上,是真正抓住了问题的关键,找到了一个能够把党委政府,民众参与,人大机制和民主恳谈制度创新有机结合起来的融合点。后来的实践也充分证明，"参与式公共预算"不仅在新河镇实现了破冰和发展，而且温岭市的交通、水利、建设规划、科技和计生等 5 个政府部委也在 2008 年开始实行参与式的部门预算。2009 年 9 月 23 日温岭市召开了"民主恳谈制度创新十周年纪念大会"，与会的来自全国各地的专家学者、政府官员和村干部，以及新闻媒体齐集一堂，共同总结 10 年来温岭市制度创新、实现可持续发展的经验，探讨今后发展的思路，在这项制度创新的发展历史上写下了浓墨重彩的一笔。

那么，温岭市是在什么条件下才实现了制度创新的可持续发展呢？以笔者的调查和观察来看，主要有以下几个方面。

首先，市委市政府主要领导的支持非常重要。在温岭市 10 年的制度创新和不断深化的过程中，市委和市政府的主要领导基本上采取的态度是支持的。2001 年至 2005 年任温岭市委书记的王金生同志，不仅坚决支持民主恳谈的制度创新，而且经常督促市委宣传部的有关同志定期下乡镇去调查研究，他自己则亲自听取汇报，一起研究巩固提高的方法。王金生同志的继任者陈伟义同志对新河镇参与式公共预算的制度创新也给予了较大的支持。温岭市人大及财经委员会在人大常委会主任张学明同志的领导下，对这种制度创新始终给予积极的支持和指导。具体指导温岭市制度创新的温岭市委宣传部的历任部长，也对这项制度创新倾注了自己的心血，给予积极的支持。可以说，这项制度创新在温岭市委市政府一级的领导那里，没有遇到过明确的反对，至多是在支持力度上有些差别，这就为温岭市的制度创新和可持续发展创造了良好的外部条件。

其次，在温岭有像陈奕敏这样一些不计个人得失，把全部心血倾注到改革创新事业上的基层干部。陈奕敏是温岭市委宣传部理论科的一名普通干部。从 1999 年开始,他就参与到民主恳谈的制度创新活动中,并逐渐在这种创新中起到了中坚和骨干的作用。10 年寒暑,他一直默默无闻地积极工作在自己平凡的岗位上,长期担任温岭市委宣传部理论科下属一个叫作"民主恳谈办公室"的主任。如果从行政级别上来说,这个办公室主任连副科级也算不上,但是陈奕敏在这个岗位上一干就是 10 多年。10 年来,所有与陈奕敏同样资历的同事都被提拔了,只有他还在这样一个低于副科级的岗位上。很多来温岭市采访制度创新的媒体记者都很想知道,这么多年来是什么力量在支撑着陈奕敏执着地为温岭市的制度创新忘我地工作。对此,陈奕敏同志的回答很简单,就是想为家乡人民多做一些事情,想让家乡人民生活得更好一些,他自己别无所图。

再次,一批专家学者对温岭市制度创新的持续关注和指导,大量新闻媒体的采访和跟踪报道,以及上级领导对这项创新的关注,不断给创新的可持续发展注入了新的动力。温岭市的制度创新从一开始就十分注重征求专家学者的意见,注重通过新闻媒体的宣传报道来创造一个良好的改革氛围。如果计算一下来过温岭市的全国各地的专家学者,那是要以百位数来计的,而且很多是我国一流的专家教授。其实,从我自己前后 5 次到温岭市考察的经历来看,我认为那么多的学者愿意到温岭市去,首先是因为温岭市的创新实践值得去关注,值得去考察总结,因为那里的创新涉及到了我国地方政府治理中的核心问题:参与式的公共预算的审查监督和参与式的公共财政运作。那里的制度创新预示着我国地方政府管理改革的方向,和我国民主政治发展的突破口。学者到那里去不仅可以贡献自己的指导意见,对当地干部进行培训,也可以从温岭市的创新实践中学到有益的知识和验证自己在理论上得出的结论。这是一个双向的交流过程。

学者们也确实在温岭市改革创新的关键时刻,给予了关键性的指导。例如,世界与中国研究所所长李凡教授就是突出的代表。李凡教授有丰富的国内外地方政府创新的理论和实践经验,2005年正是他强烈建议温岭市的民主恳谈应该向参与式公共预算方向发展,并与当地干部共同完成了这次转变。又例如,2007年初,当新河镇因为镇党委主要领导人事变动出现参与式预算改革在当年有可能推迟或者停止的时候,又是长期关注温岭市参与式预算改革创新的专家学者们,联合温岭市人大、市委宣传部一起促使新河镇坚持了下去。

善用媒体对于保护好地方干部的创新积极性是很重要的。温岭市的创新从一开始,就注重媒体的作用。这种注重并不是一味地要求媒体说好话,而是请媒体客观地报道。其实,在众多报道温岭市改革创新的媒体中,也有一些指出了温岭市创新的不足和弱点,温岭市一样予以欢迎。特别是温岭市请来了一些在我国以相对独立为特点的媒体朋友,如《南风窗》等,他们的报道虽然犀利一些,但也反映了温岭市改革者宽阔的胸怀和虚怀若谷的思想境界。

温岭市新河镇的参与式公共预算改革的彻底性,也引起了全国人大有关专门委员会领导的注意,并通过台州市来了解新河镇改革的情况。全国人大、浙江省有关部门、台州市委市政府的关心,也给予了基层干部很大的鼓励。至少在他们看来,坚持下去是正确的,是会有回报的。

第四,任何地方干部对于新事物、新观念,都有一个接受和适应的过程。我相信,只要不是腐败分子,任何地方干部都会在实践中体会到,创新不论对于干部还是民众来说,都是双赢。民主政治作为一种分配社会政治资源的机制,对于我国基层干部来说,还十分陌生。让权予民,会产生什么风险?面对面与民众对话,会不会出现失控? 长期习惯于为民做主,一下子变成了让人民做主,自己的权力变小了,干事情要瞻前顾后了,这事情还会好办吗? 一系列问题都会影响到地方政府官员接受改革创新的心态和坚持改革创新的信心。正是这些担心,成为了我国改革创新和可持续发展的观念障碍。我感到,要解决这个问题,光靠说教是不行的,还得靠实践。我清楚地记得 2006 年新河镇刚开始搞参与式公共预算改革时,当时的镇长心里很紧张,因为这对于他来说是第一次。上台做预算说明,回答人大代表和普通民众的问题,他也非常紧张。但是几次活动下来,他开始放心了,感到这样做对他的工作是有好处的,预算的执行也能得到了民众的理解。预算透明了,政府的困难群众了解了,也便于今后加以解决。2007 年初新河镇党委主要领导人事调整后之所以出现了当年参与式预算改革有可能推迟或者停止的趋向,也是新任领导对这项改革心里没有底,有畏难情绪的结果。后来在温岭市人大、市委宣传部和许多专家学者的鼓励和督促下,新任领导通过实践也体会到这项改革对于提高基层干部执政能力的好处,所以坚持下去又有了动力,直到今年获得了地方政府创新奖。

第五,要合理利用地方干部的政绩观念,更好地为创新和可持续发展服务。不可否认,就是在温岭市,许多干部搞改革创新是抱有创造政绩的思想观念的。我认为,有政绩观念并不是一件坏事,它至少说明基层干部想做事情,希望有所作为。但是,要想把这种政绩观念与改革创新和可持续发展有机结合起来,就需要引导和合理利用这种观念。所以,温岭市宣传部"民主恳谈办公室"在选择乡镇进行改革创新试点时,会针对不同的乡镇领导的思想特点,有针对性地进行说服和解释工作,以争取他们的理解和支持。任何创新都是有风险的,如果一开始你就把风险想得过于强大,就会缩手缩脚,打退堂鼓。在这种情况下,采用适当方式来解释改革的风险,用先做后说、先干后报告等方式来规避风险,也是他们曾经使用过的方法,并取得了不错的效果。

最后,要尽可能地将改革创新的成果应用于更多的领域,形成大势,让更多的民众分享改革创新的福利,这是保持改革创新可持续发展的有效方法之一。温岭市的民主恳谈制度创新产生后,被应用到了各个不同的方面。在这 10 年里,有些方面的应用没有坚持下去,但有些方面的应用就一直坚持到今天,而且越来越有生命力。比较一下,两者的最大差别在于,这种应用是不是给民众带来了实实在在的福利。在这方面,温岭市新河镇总工会和新河镇长屿羊毛衫行业工会的实践很说明问题。

虽然温岭市在过去的 10 年里取得了改革创新和可持续发展的可喜成绩,但是展望未来,他们仍任重道远。原因很简单,目前,我国地方政府创新大环境仍不如人意,各级干部的思想观念转变仍远未到位,急功近利的政绩观念仍然十分强烈,真心实意埋头苦干的改革者仍未得到合理的重用,地方政府创新的制度仍困难重重,等等。这说明,温岭市要想真正实现改革创新的可持续发展,仍面临着严峻的挑战。记得我国改革开放初期,每当改革出现困难、产生争论时,就会有人怀疑中国会不会又回到计划经济体制去。40 年过去了,现在当我国再遇到类似的困难和争论时,已经不会有人相信中国会回到计划经济体制了,因为我们已经有了市场经济的"路径依赖",已经被锁定在市场经济的轨道上了。现在我国社会政治领域里的地方政府创新正处于我国改革开放的初期阶段,距离实现创新的可持续发展还有相当差距。在这个阶段,也是改革创新最容易夭折,最容易回到旧体制的时期。同时,这也是改革创新层出不穷、越来越突破原有体制框架的时期。温岭市 10 年改革创新和可持续发展的实践,已经在某种程度上打破了原来浅尝辄止的轮回,我们有理由期待他们今后创造出新的辉煌。

2.深圳市公用事业企业市场化制度创新不可持续的主要原因:缺乏监督,任何好的地方政府创新都会弊端丛生

2003 年,以水务、燃气、公交、能源等狭义公用事业为主,引入战略投资者和完善公用事业监管手段为重点的深圳市公用事业企业市场化制度创新,完成了一系列特许经营权制度的制定和战略投资者的引进工作。从当时的环境来说,这样做既可以解决深圳市公用事业长期以来投入不足的问题,加快公用事业的发展,收回政府的投资;又可以吸引外国或外部的投资,放大深圳市吸引外资的政绩,改变公用事业企业内部的产权结构,使政府摆脱长期以来背负的沉重的财政补贴负担。而且,这样的做法在国外已经屡见不鲜。

事实上,城市公用事业企业的市场化改革,从一开始就包括两方面的内容:公用事业的发展和公用事业的监管。深圳市 7 年多的实践证明,前者通过改革起了很大变化,活力增加,已经完全市场化了。后者则问题多多。其中原因既有制度设计考虑不周的问题;也有监管动力缺乏,尤其是"第三方监管"缺位的问题。而且,这个问题从改革创新的一开始,就相对薄弱。在后来的发展中更是一手硬,一手软,凸显了此项改革创新并没有达到改革设计者的预期目的。

其实,包括笔者在内的很多人都对深圳市公用事业企业授权化经营后的两个方面特别关注:一是排除了竞争对手后的产品定价问题;另一个是授权经营情况下的信息透明度和监管问题。这两个问题在此项改革进行了 7 年之后,已经十分明显,以至于引起了人们对当年深圳市公用事业企业市场化改革的根本反思。

以上问题可以归结为垄断和监管两个方面。在监管中,政府所担当的责任最大,因为它是独家垄断经营权的授予方,是国有股权的代表者,更是监管规则的制定者。但是,由于市场条件下的信息不对称,政府的监管显然不会很及时、到位。这时,公用事业企业的信息透明和第三方监管就非常重要。遗憾的是,深圳市公用事业企业的市场化改革从 2004 年以来,在这些方面进展甚微,所暴露的问题则发人深省。

早在 2005 年 7 月,在《深圳市公用事业特许经营条例(草案)》将提交深圳市四届人大常委会一次会议"二审"之前,关于深圳市公用事业市场化改革的种种争议,就达到过高潮。争议主要围绕 3 个问题展开。①

一是特许经营为何不公开招标?深圳市当年引进战略投资者采用的是"招标招募"方式,在国外叫"私募融资"。所谓"招标",就是公开向社会表明需要引进战略投资者,并强调其必须是国际知名企业,且符合严格的资格要求;而"招募"则是通过谈判确定最后的选择。然而,这种方式被不少业内人士和专家指为"太不透明,太不公平":不公开招标,没人知道他们谈了些什么,达成了什么条件。

二是为何不引入竞争机制?许多专业人士认为"多家分别经营是可行的",竞争对保障百姓的权益有好处。1996 年以前,深圳市的管道燃气一直由 6 家公司经营,直到 1996 年《深圳经济特区燃气管理条例》出台后,其他公司才将燃气管道全部交给燃气集团统一经营。在多家经营的时候,既没有出现像今天这样的全国最高煤气价,以及名目繁多的搭车收费,消费者也不像现在这样

---

① 《公用事业改革:深圳的探索与争议》,载《南方周末》,2005 年 7 月 9 日。

有那么多意见。

三是"企业垄断"下政府如何监管？有经济学家曾指出，垄断性企业在运作中，常使政府处于被动地位，尤其是以非招标方式获得政府特许的企业，如果事后不愿意或无力兑现当初的承诺，而此时已是"生米煮成熟饭"，政府常常只能自认倒霉。所以，问题的关键不在垄断，而在监管。如何体现并保障政府对垄断企业进行有效监管，才是最重大的课题。

当时参与讨论的有关人士都希望修改完善后的《深圳市公用事业特许经营条例》，能在法律条文和实际执行中在"促进公用事业竞争"与"维护公众利益"之间寻求一个平衡点。

2009年4月6日，深圳市改革办的有关人士在同笔者谈到此项改革时认为，公用事业市场化后，私人性质的战略投资方讲求回报，有很强烈的提价冲动，而公用事业本来就是一种微利的行业，所以在提高产品价格方面，与社会难有共识，以至于每次提价，都会在深圳市形成一种强烈的社会冲击。而每次消费者与企业发生矛盾，政府为了保地方经济增长和社会稳定，一直站在企业一边。所以"第三方监管"缺位严重。直到今天，深圳市公用事业的价格调整机制仍未建立起来。不仅如此，改革后公用事业企业转嫁经营成本，忽视服务的普遍性的问题依旧。例如，近几年，燃气公司在煤气转天然气设备问题上，就迫使深圳市政府承担了2-3亿元的成本。而对于人口稀少的偏远地区，则仍任由人们使用各种小公司提供的瓶装气。水务集团提高的排污费也大于污水处理费用。他认为，如果公用事业市场化改革后，公用事业政府仍要补贴，这样的改革方式就得不偿失。

同时，在对公用事业企业的监管方面是失败的。一方面，不仅政府的监管职能被分散到水务局、交通局等主管部门，监管的手段差异很大。另一方面，尽管相关条例里有了"第三方监管"的内容,但是这个机构就没有成立,也没有专业机构做技术上的支撑,更谈不上有人去运作,成了一纸空文。

对于深圳市公用事业企业市场化存在的问题,人们普遍认为是存在以下几个问题:①企业垄断;②垄断企业与政府官员相互勾结;③第三方监管缺位;④缺乏审计;⑤企业黑箱运作。对此,2009 年 4 月,资深专业人士李红光女士则给了笔者更具体的说明。她通过自己的调查指出,深圳市公用事业企业与政府相关部门的关系密切,为其规避政府监管创造了更多的机会。垄断企业不仅将政府相关部门领导人的亲属安排进入企业担任要职,有些亲属甚至是"白拿工资"的闲职,比如:深圳市燃气公司的档案室几乎就成了"太太室",而且企业运行基本上是"黑箱操作",没有审计,更没有"第三方监管"。例如,燃气公司的负责人可以一人拥有 4 辆轿车;管道公司经理全家入籍加拿大,不仅经常不上班,而且工程也让亲戚来做。在一次小的漏气事故中,燃气集团狮子大开口,向市政府要维修费 3000 万元,工程则交给燃气集团某领导的亲戚来做。深圳市水务集团向市政府要了 40 个亿的污水处理资金,竟然不让市财政部门过问,连财政局的处长都不让进门。在这种垄断的情况下,水务集团员工工资是深圳市最高的,而且长期脱离审计。

为什么在改革方案设计中就有的"第三方监管"迟迟不能实现? 这种在成熟的市场经济中普遍采用的监管方式,为什么在深圳市的公用事业企业的市场化改革中就是不能实现? 这恐怕就不能简单地责怪地方政府了。在这样的情况下,缺乏政府和第三方监管,深圳公用事业企业居行业垄断地位,挟社会稳定之势,实现了对政府的俘获。在这种情况下,创新已经失去了其本来的面目也就很自然了。

3. 平昌县乡镇党委班子的"公推直选"不可持续的原因:创新的动力变为了政绩的盲动

20 世纪 90 年代以来,四川省大规模地开展了党内民主的改革试验。其中,四川省巴中市平昌县在试行乡镇党委领导班子"公推直选"的党内民主方面,独树一帜。2001 年该县开始在灵山乡试行乡镇党委领导班子的"公推直选",到 2005 年底,这种试验已经在该县的 9 个乡镇推广,并在 2006 年 1 月以"乡镇党委领导班子的公推直选"党内民主改革创新,获得了"第三届中国地方政府创新奖",使平昌县从默默无闻的一个山区县,走到了全国党内民主改革的前列。

但令人费解的是,自从 2006 年平昌县获得了中国地方政府创新奖之后,这项改革在当地反而逐渐进入了自然消亡的状态。当年主持和推行这项改革的领导已于 2008 年 4 月被迫远走他乡。当年积极参与这项改革的其他干部,也换的换,走的走,留下的也大都被边缘化了。现在这项改革在当地似乎成了"禁区",当地干部谈之色变,避之唯恐不及。这是否意味着平昌县的"乡镇党委领导班子公推直选"的党内民主创新已经出局?

笔者认为,要使一项地方政府创新获得可持续发展,需要解决两个根本问题:一是改革创新的动力问题;另一个是改革创新的手段问题。正是在这两个根本性问题上,平昌县的党内民主创新,遇到了制度瓶颈。

据了解,平昌县 2001 年开始在灵山乡推行乡党委领导班子"公推直选"的党内民主改革的直接原因,来自当地农村的干群矛盾突出、干群对立情绪严重的危机。由于当时还要征收农业税费,农民负担很重。在平昌县这样的国家级贫困县,由于农民没有太多机会通过创办新的商业活动来增加收入,因此他们对地方政府试图从自己身上吸取资源的行为十分敏感。据了解,在平昌县所在的巴中市,那里的干部们强烈地抱怨乡镇政府和村集体的巨额负债。"由于村和乡镇政府从不偿还债务,政府已经失去了威信,村民们认为乡镇政府是骗子。债权人天天来催债,乡镇和村干部焦头烂额,他们已经数月不发工资了,在讨债人的频频登门下也无法专心工作,很多干部辞职并搬到其他地区生活。"①为了回应这种严重的财政危机引发的问题,平昌县乡镇党委领导班子的"公推直选"被地方官员当作了缓解干群紧张关系的工具。"公推直选"也确实在动员民众对地方政府的支持上起到了一定作用。当地干部在理论上是这样介绍他们的创新实践:我们党实行的是党管干部的原则,但是党管干部,不是那一级组织部门来管干部,而是市委县委代表全体党员来管干部,组织意图不是指向某一个人,而且指向某一个群体。所以在乡镇党委领导班子的"公推直选"中,没有组织意图,只有党员意志。党政官员有这样的认识并且付诸实践,这是我国政治发展的新现象。

但是,在中央农村政策进行了重大调整之后,推动平昌县干部将这项改革继续进行下去的动力,就更多地来自于政绩的冲动。这种改革动力的变化,也反映在改革的阻力方面。过去由于农民负担重,干群关系紧张,农村工作开展不了,反对改革的声音就相对较小。当改革的环境发生变化,改革的动力转变为干部的政绩之后,不同的看法就出现了。

现在,干部提拔的重要标准是看他们在促进经济发展与社会稳定方面的政绩。平昌县作为经济欠发达地区,很少有机会通过进行大规模的投资来取得经济发展的政绩。例如,2008 年拥有

---

① 巴中市党委:《乡村换届选举工作总结》,2001 年 12 月 20 日。

102 万人口的平昌县财政收入只有 8000 多万元,而该县当年的财政支出高达 11 亿多元。巨大的缺口全部来自中央和四川省的转移支付。因此,用选举中获得的政治合法性来弥补经济发展不足而欠缺的合法性,通过一些政治改革来显示其政绩,对他们的职业生涯才有比较好的发展。

这样看来,在我国,半竞争性选举的引入和发展是地方党政官员出于理性的个人利益计算而发生的。掌握干部任免权的党政干部,希望通过改革得到晋升,以获得更多的权力。他们因此愿意实施乡镇半竞争性选举,并承受改革所造成的个人权力的暂时的或部分的丧失。改革也可能会降低改革推动者的个人权力。然而,如果他们通过引入乡镇半竞争性选举改善了政治和社会稳定状况,从而获得了晋升机会,那么他们最终将获益。

显然,这样的政绩观念在农村干群矛盾下降,农业税费取消,农村利益格局重新调整后面临着新的挑战。这主要体现在两个方面。一是平昌县一些干部开始抱怨该县主要领导为了自己进步,而不顾其他人的利益。二是一旦这种政绩观占据主导地位,改革的推动者就很有可能超越现实条件,推行更为激进的措施。也就是人们常说的"太理想化"。不论哪个方面,这样的政绩观都会最终导致改革脱离正常的轨道,进入高风险领域。例如,平昌县曾经在 2002 至 2003 年将原有的 61 个乡镇,撤并为 27 个,力度之大前所未有。但撤并带来的诸多问题,也一直困扰着当时的县最高领导层。果然,在维持了数年之后,该县又不得不从 27 个乡镇恢复到 43 个。

从平昌县推行乡镇党委领导班子"公推直选"的手段来看,平昌县改革的曲折,其实早在它推行之初就蕴含着了。在平昌县的党内民主改革中,民主和专制这对应该水火不容的权力使用方式和平地共存着。而且出现了这样一种悖论现象:我们往往必须用高度集中的一把手权力来自上而下地强力推行基层的民主。用专制的手段来推行民主,其最大的弱点就是不自觉地排斥了民众的主动参与,从而使改革的动力发生了转变。因为这时改革在很大程度上,已经成了"一把手"的政绩工程,它的最大动力,来自高度集中的权力,来自一把手,成为了一种"自上而下"的改革。这在改革还没有变为广大基层干部群众的广泛要求时,当权力仍旧集中在一个或者少数几个人手里时,最容易发生的就是"人走政息"的悲剧,这在经济欠发达的地区人们的权利意识相对落后的情况下更是如此。

在平昌县这个案例中,曾经戏剧性地因为对哪个领导主导的党内民主改革处于更高水平产生意见分歧,从而发生了权力的较量,这也最终导致了原平昌县主要领导的黯然离去。这或许是平昌县党内民主改革遭遇挫折的偶然因素。这种以个人之间的关系出现的悲剧,但反映的是我们整个体制上的问题。由于平昌县改革是在权力高度集中条件下"自上而下"推行的,那么,一个来自其上级的更高的集中权力,要想利用其改革当中的某些失误和抱怨,扭转和停止这种改革,也没有多大的困难。

所以,平昌县改革现在的结果,个人之间的关系只是偶然因素,从根本上说是现行体制的瓶颈造成的。这正是我们这种体制改革下的一个悖论,一方面改革需要具有创新精神和动力、手中又握有权力的领导者来推动,另一方面,完全依赖权力高度集中的领导者的推动,又有可能使改革走入死胡同,人走茶凉,人走政息。由此看来,平昌县改革之殇带给我们的,是基层的改革创新对现有体制的挑战,以及突破这种制度瓶颈的路径。

4. 湖北省咸宁市咸安区"以钱养事"乡镇管理体制不可持续的原因:没有人愿意走出铁饭碗的圈子

2002 年农村税费改革后,咸安区党委政府为了应对乡镇财政收入大幅度减少,与过多的乡镇财政供养人员十分突出的矛盾,从 2002 年开始,他们先后将畜牧兽医站、农技站、水利站、农机站、城建站、房管所、文化站、广播站、经管站、计划生育服务站等 9 类站所 112 个单位撤销,"收章、摘牌",人员整体分流,单位退出事业序列,职工退出事业编制,供养与财政脱钩。2004 年 9 月,咸安区积极引导和鼓励已撤销站所的职工自愿领取一次性经济补偿费后,与原单位解除劳动人事关系。目前,全区 9 类站所职工 712 人,除已退休和年龄符合内部退养条件(男 55 岁,女 50 岁)的外,其余 518 人全部置换了身份,咸安区支付补偿金 724 万元。为了解除对改革的后顾之忧,2004 年 9 月建立了乡镇事业单位养老保险,712 名职工全部办理了参保手续,补交养老保险费 541 万元。

改革后,乡镇政府通过购买服务、购买劳务的办法来落实政府农村公益性服务的责任。具体说就是"政府承担、财政保障、竞争择优、购买服务、合同管理、考核兑现"的农村公益性服务新机制,并制定了《关于进一步加强农村公益性服务工作的意见》《咸安区农村公益性服务实施办法》和《咸安区农村公益性服务资金预算和管理办法》等规定。这一做法在当地被简称为"以钱养事"。

2005 年到 2008 年,湖北省补贴给咸安区"以钱养事"资金如下表为:

2005 年	2006 年	2007 年	2008 年
1035 万元	157 万元	401 万元	601 万元

2005 年补助资金较多的原因是支付改革的成本。2006 年补助资金标准为 5 元/人,2007 年提高到 10 元/人,2008 年又提高到 15 元/人。"以钱养事"的项目也从 2005 年的 6 个,2006 年的 8 个,2007 年的 11 个,发展到 2008 年的 12 个。具体包括:农业技术、畜牧兽医、计划生育、农业机械、水利、水产、城乡建设、社区建设、文化体育、财务代理、森林防火、水库管护等。

对于"以钱养事"、购买服务的监督,经过多年的实践,咸安区已经形成了"精细化"的管理模式。包括:乡镇有主要领导分管这项工作;合同管理;服务人员要有自己的工作日志;给农民发放"农村公益性服务农民监督卡",由服务人员在服务完成、农民认可后在上面签字;单项考核、季度考核和年终全面考核相结合。

对于咸安区"以钱养事"的乡镇管理体制改革经验,湖北省委、省政府 2003 年 11 月 4 日发出了《关于推进乡镇综合配套改革的意见》,2004 年又在 7 个县市进行试点,2005 年在全省推广以来,结果参差不齐,出现了不少问题。由此,对于这项改革也发生了争论。

首先,"以钱养事"是换汤不换药。没有竞争的"以钱养事",很有可能回到原来的体制中去。从表面上看,乡镇事业单位的人员是走出了原来的体制,但是实际上,乡镇政府购买服务的对象,仍是那些人,并没有更多的人员参与进来。而且,引入竞争机制将使原事业单位人员产生吃饭问题,会引发上访事件,影响社会稳定。

其次,"以钱养事"群众参与程度低,形不成对农村公共服务的有效监督。精细化管理成本高,难以持久,流于形式。目前,要想保持比较好的农村公共服务效果,监督就很重要。从目前来看,虽然有群众的参与,但是,在中国农村民间组织几乎不存在的条件下,单个农民监督农村公共服务人员的意识、成本和程度,都存在很多问题。就"精细化"管理所描述的单项考核、季度考核和年终考核；工作日志；合同制；农民监督卡等内容，成本也不低，任何一个乡镇要想完整地坚持下来，也并非易事。尤其是"以钱养事"改革在湖北省推广后，事实已经证明，如果没有高度负责的乡镇领导干部挂帅亲自抓，流于形式只是早晚的事情。

再次，"以钱养事"造成上下不对口，许多部委的资金到不了基层。在处理突发事件上有先天缺陷，几次突发事件证明，地方政府有强烈的体制回归的冲动。这是笔者在咸安区调查时当地干部最为担心的事情。事实上，咸安区的乡镇管理体制改革虽然发生在基层，触动的则是自上而下的部门管理体制。目前中央政府和省政府的资金发放渠道，仍旧是以部门为主。有这个部门，上级的钱就发下来了。没有这个部门，钱很可能就少了，或者没有了。目前，咸安区乡镇事实上虽然没有了各种事业单位，但是，为了争取上级的资金和转移支付，还必须挂上一些已经不存在的事业单位的牌子，装装门面。这说明，下面改了，但是上面没有改，基层的改革要坚持下去是很困难的。特别是这几年连续发生了一些突发事件，比如：禽流感事件使乡镇感到畜牧防疫不能完全市场化；稻飞骚病虫害使乡镇感到农技必须由乡镇来掌握；还有食品安全事件、突发疾病事件等，都在一定程度上体现了"以钱养事"和政府购买服务的局限性。

最后，"以钱养事"不能节约财政资金的支出，只能有限地提高财政资金的使用效率。咸宁市政府副秘书长周青松告诉笔者，"以钱养事"、政府购买服务确实可以提高财政资金的使用效率，但是，说此举可以大幅度节约财政支出，言过其实。持以上观点的还有武汉科技大学中国农村研究中心的贺雪峰。他们认为，算上改革的成本和政府应付突发事件的成本，此项改革并不能节约财政资金的支出，只有略为提高了财政资金的使用效果。这一点,与我在咸安区双溪桥镇和汀泗桥镇了解的情况有所不同。按照当地干部的计算,乡镇事业单位改革后,用人少了,财政资金节约了1/4。显然,这些干部没有把2005年改革的成本计算进去。

目前,"以钱养事"、政府购买服务的改革在咸安区各个乡镇仍在坚持执行。但是,从总体上看,此项改革的效果显然不如人意。对此,当地干部的解释是,其他地方在此项改革的推广过程中,并没有像咸安区那样解除乡镇事业单位人员劳动关系,领取补偿金,只是简单以"以钱养事"、政府购买服务为主要实施重点。

事实上,湖北省咸宁市咸安区乡镇事业单位"以钱养事"改革在各地推广难的症结在于:各地在推广这种做法时,只是强调"以钱养事",而没有真正做到使原来乡镇事业单位的人员,从"政府人"变为"市场人"。在乡镇事业单位人员身份没有改变的情况下,想要他们为农民服务,实现在市场环境条件下的"以钱养事",无异于缘木求鱼。

咸安区一些干部对于今后能否坚持下去也在心里打鼓。一个明显的迹象是,笔者在咸安区的门户网站上,没有看到任何关于"以钱养事"、政府购买服务改革的内容,连2008年1月份咸安区获得了第四届"中国地方政府创新奖"优胜奖的消息也没有。笔者就此事询问当地干部,得到的回答是:他们希望做事低调一些,不要大肆宣扬,尤其是在现在这种改革趋势还不十分明朗的时候。

5. 江苏省徐州市贾汪区政府"公众全程监督政务"不可持续的原因:地方政府创新中的"制度化迷信"

贾汪区位于徐州市,历史上因煤成矿,因矿建城,全区人口50万,是江苏省最大的城区。贾汪区实施"公众全程监督政务"制度创新,主要是应对该区发展和稳定方面的问题。2001年7月22

日,该区发生了煤矿爆炸事故,小煤矿全部关闭后,全区各类社会矛盾日益显现。为减少和化解矛盾,提高政府掌控全局的能力,促使干部既对上负责,又对下负责,必须有一套新的机制来约束、规范政府及部门的行为,缩短政府与民众的距离,提高政府公信度和掌控全局的能力,实现"让老百姓有说话的地方,让老百姓说话管用",共同促进经济和社会发展。经过调研酝酿,2004 年 5 月,贾汪区政府开始实施"公众全程监督政务"制度,全力打造以民为本的"阳光政府"。

"公众全程监督政务"制度的主要内容包括民意咨询、民代参政、民众质询、民调评价四个方面。所谓民意咨询,就是政府在重要决策出台之前,要倾听群众和有关专家意见、建议,召开民意咨询会,充分咨询民意,广泛调研论证。所谓民代听政,就是政府定什么事,让老百姓全过程参与。在政府决策过程中,邀请人大代表、政协委员、随机抽取的利益关系群体代表和有关专家列席政府常务会议、区长办公会议等决策会议,旁听决策过程,参与政府决策。凡是涉及广大群众关心的热点、难点问题的重大决策议题,通过广播、电视、报纸、政府网站等媒体报道会议过程和结果。相关决策文本、政府文件通过报纸、政府网站、政务公开栏等形式向社会发布。所谓民众质询,就是群众对各级政府及其工作部门工作不满意,要求有关负责人当面回答为什么没做好,以后该"怎么做",从而促使决策不断完善,工作不断改进,执行更加有力。所谓民调评价,就是让老百姓来投票,评判政府部门的工作。对政府某项决策的落实情况,群众意见比较集中,不满意率在 50%以上的应依照政策和法律及时整改,并要追究有关责任人责任。

这项制度创新,在一定程度上改变了政治生态,形成了政府与公众平等协商与合作的基本格局,促进了社会和谐。"公众全程监督政务"变官员对上负责为对下负责,"听政于民、监督于民、尽责于民",在制度上保证了干部与群众共同"当家理政",成为社会矛盾的"减压阀"和"缓冲器"。这项制度创新拓宽了民众的政治参与渠道,完善了对干部的评价体系,从而取得了良好的效果。到 2005 年上半年,全区机关部门简化办事程序、缩短办事时限的有 1500 多项,提前办结率从"革命"前的 56% 提高到 86%。群众对机关作风的满意度大幅提高,有 96.3% 的人表示没有遇到机关工作人员推诿刁难、吃拿卡要等现象。群众信访量大幅下降,2005 年上半年与 2004 年同期相比,党内信访和社会信访分别减少 38% 和 32%。

贾汪区"公众全程监督政务"的制度创新,是在危机的意识下,有创新思维的地方主要领导干部,运用民主手段打造透明政府、责任政府、服务型政府的一次尝试,说明了对民主执政来说,公民参与的极端重要性。它可以说是我国地方政府化解矛盾、消除腐败、遏制官僚主义的一剂良药,也是我国政治民主发展的方向。

一般认为,要想使地方政府创新有可持续性和可推广性,必须使这种创新制度化。笔者认为,这种观点有"泛制度化"的嫌疑,尤其在我国目前这样的政治、经济环境,这种观点似乎把制度神化了。

确实,制度化是各种社会集团实现自身利益诉求的正常和理想的规范化渠道。在转型时期,人们大多认为推进制度的不断演变,是实现社会和体制转型的必然选择。但令人遗憾的是,制度的执行却相差很远。显然,如果我们不能找到使制度真正起作用的关键环节的缺陷,并加以改进,那么这种"一条腿长,一条腿短"的局面,就将在实际工作中,既阻碍地方政府作用的转型,又难以实现民主执政、依法执政和科学执政。

那么,在什么条件下制度才能真正起作用呢?这显然与制度所约束的社会各方的力量对比有密切的关系。在这里,实际上起作用的是这样一条规律:监督的边际效用等于制度效用的临界点。这里的监督,是指制度所约束的社会各利益集团之间的相互关系,实现这种监督必须完全建立在社会各利益集团的力量对比和平衡上。因此,如果社会利益集团关系中出现不平衡,即出现某一集团权力十分强大,而其他相关方力量十分弱小时,制度是不会被遵守的。无论权力强大的一方是地方政府,利益团体,还是普通民众,概莫能外。同时,社会各利益集团在博弈中,相互监督的边际效用正是制度发挥作用的临界点,也就是说,超出了这一边界,不仅监督的效益呈下降趋势,而且制度也不会被遵守,并开始失去其作用。

我国的制度变迁,就是在这种平衡、平衡的打破、又建立起新的平衡的循环往复的螺旋式上升运动中逐步实现的。而我国目前在建立服务型政府、公共财政、信息公开、民主决策、制度创新及其可持续发展等很多方面面临的制度瓶颈,恰恰就是在实现社会各利益集团博弈、力量平衡和监督方面,存在着缺陷。

我们都希望地方政府的创新能够制度化,以保证创新的持续和推广。但是,如果执行制度的人变了,再好的制度也是一纸空文。因为,任何制度创新都离不开现有的条件。那么,现在我国的制度创新的环境有什么特点呢?它是一种自下而上的基层政府为主的创新,主要表现为是对各种危机的处理;乡镇以上党委政府的管理体制仍旧是传统的;干部包括基层干部从思想到行为都深受旧体制浸润;在很多时候潜规则的作用要大于正式规则;民间的力量十分虚弱。在这样的条件下,仅仅靠制度显然不够,还要靠执行制度的人。也就是说,制度和人两者缺一不可。本来,我们说制度重要,是指它可以不依人的变换而改变。但是在目前的中国,由于处于政治体制改革的初期阶段,仅仅有创新意识的干部是远远不够的,因为如果没有能够把创新坚持下去的干部,即使这个创新制度化了,仍旧会名存实亡。

贾汪区"公众全程监督政务"创新就是一个这样的例子。该区"公众全程监督政务"的制度创新始于 2004 年 5 月,但早在 2007 年底,当笔者跟踪曾经获得第三届中国地方政府创新奖提名奖的创新项目时就发现,随着 2006 年主持创新的主要领导调任睢宁县,这项制度创新在贾汪区已经名存实亡。

贾汪区的制度创新肇始于一次对危机的处理。"公众全程监督政务"产生后,民众好评如潮,但也给贾汪区的干部带来了沉重的压力。为了保证这项制度创新能够长期执行下去,不因领导人的变换发生改变,贾汪区党委政府制定了多达 30 种制度。但实际上自从这项制度创新的提出和主要实践者原贾汪区区长王天琦调走后,这项制度创新在贾汪区日渐式微。最明显的例子就是,王天琦在任时 1 年多时间进行过 4 次民众质询会议,自从他调走后的 2 年多时间里,这样的会议再也没有召开过。最近,笔者多次打开了贾汪区党委政府的网站,但是在"公众全程监督政务"一栏,已经找不到任何内容了。在看过贾汪区政府当初制定出的那么多,那么详细、具体的规定后,笔者真的很难想象这个创新在贾汪区就这样"人走政息"了!

其实,当初在这项改革正轰轰烈烈进行时,人们就有这个担心。2005 年 12 月 20 日在一次座谈会上,王天琦就表示:"如果人走政息了,那就不是好制度。如果我们都走了,新上任的官员不想做都不行,这就达到目的了。"在 2005 年 5 月 21 日的另一次座谈会上,普通群众作为受益人也有这种担心。贾汪中学老师朱德平就担心"主要领导一换,是否就变了? 如果群众反映意见能尽快到达领导那里,并得到解决,这长期坚持下去就好了"。广场社区的居民孙吉风也认为"要是王区长走了,可能就欠缺一些了。

但是,也有群众认为如果别的领导不这样做,他们要提意见。紫庄镇75岁的小学退休教师庞丙正认为要坚持两条:"第一,要有来自上面政府的支持,形成法律;第二,我们这些代表的义务就是要让他们落实,我们作代表的要承担起这个责任。"

但是,实际的情况可能要比上面所反映出来的更复杂。因为,从表面上看,贾汪区似乎还有这个制度,但是,实际上已经没有人去执行了。这反映出中国地方政府创新的一个困境,人在制度在,人走制度亡。贾汪区在实施"公众全程监督政务"时确实改变了当地的政治生态,但是这些改变还远不足以使这个制度继续生存下去,特别是它的创始人和主要推动者离开后。因为后继者不执行这个制度,普通民众并没有什么有效的手段可以去监督、制约他们。在这场博弈中,单个的民众和地方政府相比,永远是弱者。因此,要使一项创新有可持续性,就不仅需要制度,还需要能够认真执行制度的干部;要给予民众能够监督和制约干部的渠道和手段,让普通民众组织起来可以与地方政府平等对话。当然,这些内容已经超出了一个地方政府的管理范围,涉及范围更加广阔的政治和管理体制改革的领域。

6. 河北省武安市"一制三化"制度创新不可持续的原因:党支部和村委会权力分享与合作监督的新型关系只是一种"理想"

武安市地处河北省与河南省交界处,是著名豫剧《朝阳沟》故事的发生地。1961年5月周恩来总理到武安市伯延公社视察,终于听到了农民张二廷的真话,亲眼看到了假话、空话、高指标和浮夸风给人民带来的苦难,这是促使周总理改变对当时形势看法的事实依据。

从2000年起,武安市委市政府为了应对村民自治以来村级治理所面临的村党支部和村委会权力之争的严峻挑战,出台了简称为"一制三化"的制度创新。到 2002 年,这一创新经媒体介绍,中央领导批示,曾在河北省和全国推广。一些学者也在调研后认为,这一创新在形成党支部和村委会权力分享与合作监督的新型关系中,居功至伟,是"坚持党的领导、人民当家做主、依法治国"在基层的成功实践。①

武安市村级组织"一制三化"要解决的是:党支部的专权;村委会的越权;党员村民的缺权。"一制三化"中的"一制",是指党支部领导下的村民自治运行机制;"三化"是指支部工作规范化、村民自治法制化、民主监督程序化。其基本内容是围绕明确职责、议事程序、财务管理、民主监督四个方面,建立健全四个体系十二项制度规范。

武安市在整个河北省县级单位中,财政收入名列三甲。在中国北方,一个县级市的财政收入达到 43.5 亿元之多,是不多见的。

是否财政收入高就意味着农村矛盾少呢? 笔者在与武安市委组织部党建办副主任郑文和刘立涛的座谈中,探讨了这个问题。郑文和刘立涛承认,现在这里农村矛盾很多,农民上访告状者络绎不绝,使得农村的维护稳定任务非常艰巨。造成这种现象的原因不外是农地征用、选举作弊、司法不公、干部腐败、村级财务不公开、干部办事不公等。当笔者问及"一制三化"的制度创新对解决这些问题有没有一些帮助时,他们感到十分为难,因为在他们看来,所谓"一制三化"只是解决村级组织内部党支部和村委会矛盾的一种办法,其在消除农村矛盾方面的作用还十分有限。

---

① 何增科,杨雪冬,赖海榕等:《基层民主和地方治理创新》,中央编译出版社,2004 年 10 月版。

笔者当时脑海里闪出了一种想法:用"一制三化"来团结两委班子,对农村的稳定和解决农村矛盾真的就没有作用?

"一制三化"制度创新中一项重要内容,是民主监督程序化。谈到农村的监督问题,郑文和刘立涛都承认"一制三化"并没有解决问题,农村中不仅党支部和村委会之间没有形成监督制约关系,而且村民对村党支部和村干部的监督制约也缺位严重,这也是近年来这里农民上访大量增加的主要原因。"你要监督他们,可能你很快就会失去监督的位子,更何况很多做监督工作的农民并不是村两委班子的成员。"刘立涛这样告诉笔者。现在看来,由武安市委创立的以解决两委班子权力之争的"一制三化"制度创新,在自上而下的推进过程中,预期会形成"分权共事、合作制约"的制度环境,但是在实际执行中,则或者出现了两委的"合作共谋",或者出现了一方吃掉另一方的"权力独享",不论哪一种,都没有给"干部监督"留下活动的空间。武安市现在还有几十个村不执行"一制三化"政策,主要是些村主任比较强势的行政村,大约90%的不搞"一制三化"的村是如此。

在武安市,一个问题始终困扰着笔者,那就是为什么原来"一制三化"没有解决的问题仍旧存在? 换句话说,在什么样的条件下,这些问题可以得到解决? 武安市具备了这些条件了吗? 像监督问题,原本在村民自治中是有解决这个问题的机制的,这就是在民选基础上的民主监督、民主管理和民主决策。但是,当党支部自上而下的领导体制没有变化,村民自治内部权力制约关系实际没有形成,乡镇党委政府对行政村的干预不时涌现的条件下,仅仅依靠村党支部和村委会之间的权力分享和合作制约,要真正实现村一级的权力监督是很难做到的。反观那些不执行"一制三化"政策的村,也很难说这些村的干部权力因为没有执行"一制三化",就出现了大量的腐败现象。这些村强势的村主任,在排除了与村党支部分享权力的同时,也必须接受那些失去权力的党支部干部的更强烈和更有威胁性的监督。这是否就是另类的"反对党"?

在武安市,笔者拿到了一份2008年武安市委组织部总结8年来"一制三化"经验和发展的材料。①在材料中,笔者感到,现在的"一制三化"已经汲取了我国各地农村制度创新的成果,只不过是把它们都装在了"一制三化"这个筐筐里。例如,武安市强化了村民代表议事会制度,成立了由3人组成的主席团主持日常工作;强化群团组织领导的直接选举,作为村民自治的补充;成立农村专业经济合作组织,鼓励党支部和村委会干部竞争经济合作组织的领导,用经济发展来巩固"一制三化"的成果。在村级党支部的建设上,武安市不仅借用了常规的对村党支部的分级考核办法,而且由市里出资,给予担任村党支部书记和村主任的干部每年8000元的补贴,从压力和激励两个方面促使村级党支部的工作规范化。武安市还规定,村干部每年要述职,要进行民主恳谈,征求村民意见,进行民主测评。

在调查中,笔者感到,"一制三化"作为河北省武安市在解决农村两委班子争权问题上,还是起了积极作用。但是,要说这种制度创新在"支部工作规范化、村民自治法制化、民主监督程序化"方面有什么建树,则很难说。这项制度创新产生于2000年,规范于2002年。在调查中,我感到"一制三化"的功能退化了。它原来没有解决的问题,现在仍然没有解决。它原来在一定程度上解决了的问题,或者提出了解决思路的问题,现在又变成了问题。面对今天农民日益觉醒的权利意识,面对农村日渐庞大的上

---

① 河北省武安市委组织部:《一制三化:充满活力的农村领导机制——河北省武安市"一制三化"工作机制纵深调查》,2008年。

访大军,武安市在维护农村稳定的困局中,是否已经觉察到原有的制度破绽已经日见明显,新的制度创新需要呼之欲出?

在调查中,笔者在武安市委组织部研究室干部张承军的陪同下,还走访了当年周恩来总理考察过的伯延镇(原伯延公社)。伯延镇党委书记刘昭元和镇组织委员张振茹告诉笔者,该镇农村形势稳定,没有上访人员。这显然与笔者从刘立涛和郑文那里得到的信息不对称。细究之下,张振茹女士告诉我,没有上访是因为镇里每个干部都承包了若干个上访人员的工作,比如她就直接负责做两个上访户的工作,保证他们不上访。平时她经常到这两家去看看,与他们搞好关系,如果他们要出门,她就陪同他们一起去,并由政府出车或者出路费,保证他们在办完事情后回家去。特别是在敏感时期,如奥运会、国庆节更要这样。现在稳定工作都是"一票否决",镇里干部承包的上访户出了问题,负责承包的干部是要承担责任的,严重的要被撤职。

2009 年 11 月笔者在广东省开会时,见到了老朋友河北省沧州市委组织部部长赵超英。他在担任青县县委书记时,是河北省"青县村治模式"的创造者。这个模式由于把村民代表大会"坐实",在村级组织中形成了决策、执行、监督的权力划分和制约关系。武安市的"一制三化"与之好有一比。谈起武安市的"一制三化"创新的可持续发展,赵超英直率地指出,严格地说,"一制三化"并没有自己的东西,而是把党和国家关于农村的法律、政策系统化,冠之以"一制三化"。现在看来执行得并不好,其重要原因之一就是缺少自己的创造。2009 年 9 月笔者在武安市调查时,也见到了"一制三化"的创造者、原武安市委组织部副部长李广宪。李广宪 8 月份刚刚办理了退休手续。我见到他是在我即将离开武安市的最后时刻。李广宪在市委组织部担任副部长十多年,直到退休也没有扶正。至今他对于因为费尽心血创造了"一制三化"而没有被提拔重用一直耿耿于怀。他告诉我,他甚至想到过给中央领导写封信,最后还是放弃了。我很庆幸他没有那样做,但是地方政府创新中的干部功利性的政绩冲动,还是让我对于这样创新的可持续性深表忧虑。

7. 安徽省舒城县干汊河镇"公共服务民营化"不可持续的原因:现在那里的干部认为要"无为而治"

2004 年初,安徽省舒城县干汊河镇"公共服务民营化"的制度创新获得了"第二届中国地方政府创新奖"。该镇获奖后,笔者曾于 2004 年和 2008 年两次前往干汊河镇调研。

2002 年,为了改变当地的投资环境,在镇党委书记曹前长的带领下,干汊河镇在"公共服务民营化"方面进行了一系列的制度创新。他们遵循的原则是,让市场来操作,政府来监督。他们认为,这样做可以最大限度地调动民营资本参与的积极性,较快地改善当地的基础设施建设和服务水平。

"干镇自来水厂"是 2002 年干汊河镇推行"公共服务民营化"的最大项目。这个水厂建于 2002 年,当地建筑业老板汪昌彪个人投资 120 多万元,干叉河镇投资 50 多万元。水厂设计日供水量为 1000 吨,日供水人口为 2 万人。建成 6 年后,目前这个水厂的日供水人口只为设计的 1/4,约 5000 人。他们还改革了镇保洁制度、镇政府的文印、食堂制度等。干叉河镇在政府资金短缺,动员民间资本投资基础设施建设方面,做了可贵的探索。他们的经验在当地一些地方也做了推广。舒城县的千人桥镇、杭埠镇的水厂也是私人投资建设的。晓天镇、桃溪镇则是将集体性质的水厂转卖给了私人。

2004 年底,曹前长调任舒城县监察局局长兼县纪检委副书记。接任者是当年曹前长的搭档、镇长吴之立。4 年之后的 2008

年 9 月 23 日,当笔者在镇办公室与干叉河镇社会治安综合治理办公室主任张广春和镇党政办秘书卢贤傲座谈时,谈到干叉河镇当年的制度创新,这些干部表现出的淡漠给人有恍如隔世之感。

当谈到地方政府创新时,张广春和卢贤傲都异口同声地表示,乡镇政府要"无为而治",千万不可乱作为。现在中央的农村政策已经发生了很大的变化。乡镇就是要围绕上级的惠农政策进行工作。

作为"公共服务民营化"制度创新的总设计师和主要推动者,干汉河镇前党委书记曹前长的观点似乎更加深刻。曹前长坚持认为,他当年主导的"乡镇公共服务民营化"制度创新是有生命力的。对自来水厂,民建民营,政府提供部分建设资金;对幼儿园,民建民营,政府发给许可证;对汉寿街农贸市场和公祭堂,民建民营,POT 方式;环卫和闭路电视也是如此。曹前长认为,民间建设的成本低,运行更规范、负责。舒城县的南港镇、舒茶镇、春秋乡的自来水厂是民间建的,由政府发许可证,效果不错。而舒城县的张母桥镇自来水厂由集体经营,政府补贴,结果水质长期不好,群众意见很大。

在干叉河镇,当初镇政府投入水厂建设的 50 万元,通过收取自来水的初装费等方式,已经基本收回来了。现在中央调整了农村政策,仅 2007 年和 2008 年,舒城县就收到上级拨出的饮水工程专项建设款近 2000 万元,来解决农村清洁饮用水问题。这些款项的使用,上级也有明确的规定,即国家建设、私人经营、国家所有。这样一来,问题就出现了。因为国家建设成本高,解决 1000人的饮水问题,就要投入 200 万元。而从干叉河镇的经验来看,投入 180 万元就可以解决 2 万人的饮水问题。而且,私人投资建设善于精打细算。以汪昌彪为例,为了节约电,他额外建了一个水塔,解决了夜间和白天供水不平衡的问题。在购买管道时,他弃用了价格便宜的安徽芜湖产水管,而购买了价格高的河北保定产德国水管,保证了质量,节省了维修资金。私人建厂,会花钱买最好的产品,又会节省不该花的每一分钱。国家所有、私人经营,会导致经营者的短期行为。而国有国营问题就更大了。舒城县自来水厂至今每年县政府都要补贴 400－500 万元,如果民有民营,政府不仅不需要补贴,每年这个水厂还会向县政府上缴 100－150 万元。

曹前长认为,现在国家的政策并不鼓励地方干部有所作为,特别是乡镇干部。干叉河镇制度创新的核心在于调动了民间的资本进行公共服务事业建设。这一点现在恰恰不受重视。干叉河镇 2002 年依靠民间资本建设了自来水厂,8 年后,其他没有自来水厂的乡镇也靠国家投入享受到这些项目的好处。8 年前,作为处于创新前沿的乡镇干部,曹前长承受了巨大的政治和经济风险,多年后,他感到除了得到了"第二届中国地方政府创新奖"之外,他没有得到任何其他好处,他自己工作岗位的变动也与自己的创新无关。至今,为官仍要对上负责,这与对下负责仍是不对称的。中国改革开放已经 40 年了。40 年来,中国人民创造了那么多财富,老百姓能享受到的并不多,原因就是现行的体制和体制的运作成本太高,耗费了大量的财富。对于曹前长的这个观点,笔者已经从自来水厂建设的例子中得到了印证。

通过对 7 个案例的分析,从不同的角度说明实现地方政府治理的制度创新的可持续发展所应该具备的条件,以及创新遇到的制度瓶颈。它们或因为监管缺位,或因为政绩盲动,或因为改革不到位,或因为形式大于内容,或因为制度化迷信,或因为创新环境的改变,使创新难以为继。笔者在调查中感到,我国地方政府治理制度创新中最稀缺、最宝贵的资源,是有创新意识的地方干部。他们是地方政府治理制度创新的发起者和主要推动者,承受着巨大的政治和经济风险。合理地配置这种稀缺资源,是实现我国体制和社会转型的重要任务。笔者接触过一些这样的地方官员,比如河南省高级人民法院院长张立勇。13 年前张立勇在陕西省咸阳市秦都区任区委书记时,就以推动当地改革创新著名。后来不论他在咸阳市市长,还是在河南省高级人民法院院长任上,都在建立公开、透明的政府方面有所建树。相同的例子还有原徐州贾汪区区长王天琦。他不仅在贾汪区区长任上,建立和推动了"公众全程监督政务"的制度创新,而且在睢宁县委书记任上,推行了"睢宁吏治新政",被舆论界广为传颂。2010 年 3 月 16 日,"2008 - 2009 睢宁县十大网络监督典型事件评选"揭晓,网民发了一条名为"谁动了我的低保"的好帖,帮助睢宁县清退了 1188户、2645 人的"假低保",追回低保资金 11.7 万元。另外 17 条网络举报违章建筑,让当地 7 名官员被免职。这些都得益于王天琦推行的吏治新政。由此可见,创造更宽松的环境,让有创新意识的地方干部有更大的作为,让民众有更多参与渠道,是我国今后制度改革和设计的方向。

二、我国城市化进程中的农民权利、 农村土地制度和可持续发展

历史上,所有经历城市化过程的国家都必须面对的一个重大挑战,是如何对待农民的权利。计划经济时代,我国利用工农业产品剪刀差,通过对农民的剥夺来进行重工业产业建设。时至今日,遗留的城乡二元结构仍从体制上体现着对农民的歧视。城市化意味着农民也有分享城市经济发展成果的权利,意味着公共财政的阳光也要照耀到包括农民在内的广大农村,意味着农民也要像城里人那样成为自己土地的真正主人,意味着农民也可以像城

里人那样实现对自己资产的流动和处分。总之,城市化在我国呼唤着城乡的平等。

经过 40 多年的改革开放,我国农村的社会矛盾也经历了聚集、破解、再次聚集、又再次破解的过程。过去计划经济条件下的平均主义大锅饭矛盾,经过农村家庭联产承包责任制予以破解;沉重的农村税费负担支撑起的农村公共服务,在 2006 年停止征收农业税、加大政府对农村的投入之后也予以化解;在新一轮城市化的浪潮中,农村土地问题已经成为目前我国农村矛盾的焦点。如果说家庭联产承包责任制是农民为自己争取平等合理的劳动收益权,摆脱沉重的农村税费负担是农民为自己争取平等的公共服务享有权的话,那么农民对自己承包土地使用权利的保护在更大意义上是对自己财产权利的维护,也是在更基础的意义上主张自己的权利。这种从劳动收益权到公共服务享有权,又到财产权的发展,显示出我国农民权利意识的觉醒,也在更大程度上反映了我国农村改革深入发展所面临的新挑战。显然,如何在保护好农民土地财产权的条件下,构建农民的权利体系;如何在农村土地使用的过程中,探寻我国制度变迁的规律;如何在流转中盘活农村土地资产,激活市场经济条件下的土地要素,实现农民致富,都是我国城市化进程中农民权利和农村土地制度的根本问题。笔者调查发现,虽然依旧是发生在农村的矛盾,但矛盾所导致结果已经悄然发生了变化。这种变化最明显的表现,就是基于财产权基础上的农民自组织水平的提高和与此相伴的农民参与意识的加强。

1. 还权于民:在清晰的土地产权基础上构建农民权利体系

现代社会管理是建立在权利和义务平衡基础上的。对于社会弱势产业和弱势群体,其权利的保障是社会公正和平等的基础。而社会的公正和平等是生产力发展和社会进步的基石。在我国,就社会整体而言,农民是弱势群体,其权利的保障是全社会实现公正、平等的试金石。

（1）农民权利是个体系

我国农村改革开放发展的实践告诉我们,农民权利是个体系。它至少应由经济收益权、社会管理权、社会福利权等构成。同时,农民权利体系的构筑必须建立在农民财产权的基础上。

在农民权利体系中,经济收益权是农民权益中最基础的部分。这种收益权与农村的生产要素相联系,一方面它表现为农村劳动力的流动;另一方面则与土地的流动相联系。前者是劳动力价值的体现,是农民的劳动收入。后者是农民财产价值的体现,是农民的财产性收入。在任何一个社会,如果农民只有劳动收入,缺乏财产性收入的话,很难说他们的经济收益权利是完整的。很难设想,一个只靠出卖劳动力的农民能够有持续参与社会管理的积极性和动力。也很难设想,那些缺乏财产性收入,只靠有限工资生活的农民对农村和社区的管理是值得信赖的。

社会管理权是农民当家做主的权利。农民要实现这个权利,必须要有参与的动力,同时必须组织起来。而这两者都与农民的财产权密切相关。只有当农民有了财产的时候,为保护自己的财产他们才会有参与的动力;为实现自己的财产权利,他们才能够组织起来,用自己挣得的话语权,来与比他们强大很多的公司谈判和与政府对话。

社会福利权是农民享有政府提供的公共服务的权利。尽管农村现在取消了直接的农业税,但是农民依然是间接税的纳税人,依然有权利享有政府提供的均等化的公共服务。农民还是有选举权的公民,虽然目前他们能够直接选举的只是村级自治组织的领导人、县人大代表和部分试点的乡镇党委政府官员,但是,我国基层民主政治发展的目标,就是要将这种直接选举,逐步在乡镇、县甚至更高层级的政府推开。这样看来,广大农民逐步拥有对各级政府官员的选举权,可以对政府产生为农民提供均等化的公共服务的倒逼作用。

对农民来说,他们最主要的财产就是土地。但是,如果农民的土地是外在于他们财产权利的时候,也就是说,如果农民的土地可以被政府或者其他社会集团随意调整、侵占、剥夺的时候,农民的权利是很难实现的。只有当土地真正成为农民的财产时,即土地真正是"我"的,而不是"我们"的时候,农民从土地收益的获取中,就会生发出对社会管理参与的强烈要求,用参与社会管理来保障自己合理的经济利益。与此同时,农民在对其土地财产权的维护中,自组织程度的提高和参与意识的增强,也对承接政府提供的公共服务提供了良好的基础,这样一方面提高了政府公共服务的质量,另一方面农民也将逐步获得与市民同样的社会福利权。

(2)还权于民要从农村产权制度改革入手

当前,当我们谈到农民的财产权时,多以农民在劳动收入以外的土地收入为衡量标准。2010 年,我国农民人均纯收入达到了 5919 元,年增长幅度超过 10%,超过了城镇居民收入的增长幅度。① 这可信吗? 笔者于 2011 年对四川省、安徽省等地的农村进行了实际调查,下面是笔者实际调查、走访的相关情况。

2011 年 1 月份,笔者来到四川省宜宾市筠连县高坪苗族自治

---

① 中央农村工作领导小组副组长陈锡文在 2011 年 1 月 30 日国新办发布会上称,2010 年中国农民人均纯收入 5919 元,在相当长的时间内第一次增长速度超过城市,连续 7 年增幅超 6%。

乡。这是一个地处偏远的少数民族山区乡,距县城有 2 个多小时的车程,紧邻云南省。全乡有人口 8183 人,5 个行政村,34 个村民组。全乡面积 36.2 平方千米,有土地 3 万亩,其中耕地 1 万亩,林地 2 万亩。2010 年全乡农民人均纯收入是 5500 多元,比 2009 年增长了 650 元。该乡有长期的烟草种植历史,是一个烟草种植大乡。目前,该乡是浙江中烟集团的烟草基地,也是国家烟草公司认定的烟草生产单元区(年产烟草 5 万石以上)。全乡租种 20 亩以上的种烟大户就有 150 户,其中有 4 户租种烤烟田超过 200 亩。全乡年产值超千万元,是全县三个年产值超千万的乡镇之一。

从 2008 年开始,该乡党委政府对全乡的土地进行了功能区划分,分为宜林区、宜烟区、宜粮区。其中 50% 的土地是宜林区,实行保护政策。宜烟区和宜粮区实行轮作,每年一换,烟粮土地各占一半。同时,乡政府制定了土地流转指导意见,主要是规范土地租金和竞标方式,政策每年调整一次。2008 年的土地租金是 200 元/亩;2010 年就上升为 300 元/亩。这实际上是乡党委政府为土地流转建立了一个交易平台。每年的政策调整指导意见的修订,宜烟宜粮区划分,乡党委政府都要征求农民意见。先村民小组开会讨论,再以村为单位制定土地划分规划,进行公示。然后在每亩土地租金 200 - 400 元区间内进行竞标,出价高者得。2010 年该乡先锋村有 400 亩宜烟田,8 人竞争。烟田租金以每株烟苗 0.25 - 0.35 元乘以 1000 株为标准。最后,该村农民郭术洪以每亩 300 元的租金中标,获得了 400 亩烟田的租赁权。其实,在 2009 年,该乡槐树村农民申世云也曾经承租过 500 亩烟田,年纯收入达到了 20 万元。为此,申世云雇用了该村 50 人,每人每天工资 50 元,采摘烟叶时实行计件工资,使每人每天达到了 80 元。

笔者与该乡先锋村的郭术洪、槐树村的申世云、刘让友、余先众等农民进行了座谈,他们都是种烟大户。他们租赁的烟田少则100亩,多则200亩以上。土地租金逐年上升。2007年每亩租金只有100元;2008年上升为150元;2009年就到了200元;2011年更是高达每亩300元。4年间,土地租金涨了3倍,使农民从土地中获益增多。目前,该乡5000亩宜烟土地大都被150个种烟大户承租,没有外出务工的农民,除了可以为种烟大户打工,每年获得五六千元的劳务收入外,还有近百万元的土地租金收入。种烟大户的收入也不错。申世云2007年租赁土地15亩,年收入1.8万元;2008年租地50亩,收入4.8万元;2009年在乡村两级组织协调下,租地200亩,收入20多万元;2010年租地300亩,尽管遇到旱灾,年收入也达到了18万元。2011年申世云还要租地350亩,继续扩大烟草种植规模。

笔者在筠连县腾达镇的春风村则看到另一种形式的土地收入。地处喀斯特地区的春风村土地并不适宜种植庄稼。他们就另辟蹊径,2005年以每亩土地50元的低租金出租土地330亩,筠连县佛来仙居园林有限公司投入600万元种植桂花。企业立住脚后,2008年春风村采用股份的形式入股土地660亩,获得了良好的土地收益。该村农民每年在公司打工的收入也有十几万元。桂花树下,农民自己饲养乌鸡,还有一份收入。他们利用自己村庄独特的地貌特征,种植杏树,开展"农家乐"旅游项目,也获得了良好的收益。

2011年2月笔者对安徽省淮北市相山区、杜集区、烈山区和濉溪县百善镇进行了调查。淮北市是安徽省城乡统筹综合改革试验区,土地流转是综合改革试验的主要内容之一。相山区的郭王村有11个自然村,4114人,5026亩耕地。至2010年,该村已流转土地1200亩,主要租给了本村食用菌种植大户。为此,该村农民自己组织成立了"郭王村土地股份合作社"和"郭王食用菌产业合作社",由合作社社员选举产生了 4 人的管理委员会,任期 3 年,其中 2 人是村干部,2 人是食用菌种植大户,收支每月公开。土地股份合作社是该村土地流转的主体,负责与农户谈判土地的入股方式。2010 年,该村入股的土地价格为每亩 800 元,也就是说,农民每年可以从合作社得到每亩 800 元的土地租金。2010 年合作社还为每亩再分红 350 元。合作社对入股的土地进行集中连片的水、电、路等基础设施建设,然后把土地分租给食用菌种植大户使用。淮北市和相山区政府为鼓励土地流转,一次性给予合作社每亩 400 元补助。笔者在相山区的钟楼村也看到了类似的农民组织土地流转合作社。据当地干部讲,这种农民自己的合作组织早在三四年前就在宁夏回族自治区石嘴山市平罗县出现了,具体负责农民承包地的流转。在相山区,任何企业和团体要租赁土地,都需要与农民自己的组织土地流转合作社谈土地租金。目前每亩的租赁价格是 1000 斤小麦的市价。自 2008 年以来,相山区已经流转 1.1 万亩土地,占整个耕地面积的 1/9。

在濉溪县百善镇的安徽省城乡统筹综合改革试验区里,2009 年淮北市顺达集团公司和五铺农场联合投资 2000 多万元,成立了"厚望食品有限公司",采用入股形式流转农民土地 500 亩,每年每亩租金 800 元,租期 5 年,租地协议由公司与农民签订。公司生产各种大棚蔬菜,供应城市市场。出租土地的农民在公司务工,每亩用工 50～60 天,每天工资 50～70 元。2011 年春季抗旱,农民每天收入增加到 120～130 元。而且,国家给农民的粮食、化肥、农药、柴油、农膜等补贴,仍归农民所有。2010 年,公司还为农民每亩发放了 300 元的分红。在百善镇,农民土地以入股形式已经流转了 1 万多亩,涉及 1000 多农户。

淮北市杜集区石台镇石台村的淮北市红硕园艺合作社,是农民黄得利在云南昆明打工种植蔬菜学到了技术后回家乡于 2006

年创业建立的。该园艺合作社,每年的蔬菜和葡萄种子从日本进口,西瓜种子来自台湾。至2010年,合作社已向农民租地500亩,建了150个蔬菜大棚。2011年又增加租地300亩。土地租金也每年上涨,2006年每亩600元,2009年800元,2010年1000元,2011年达到1100元。在蔬菜大棚打工的主要是当地留守农村的妇女和老人,每天工资20元。2010年合作社付给农民工资30多万元。合作社的收益也不错,一个蔬菜大棚一年的纯收益可以达到1万元。笔者在淮北市烈山区宋町镇马桥村"老猫洞生态园"也看到了类似的情况。

成都市是国家城乡统筹综合改革试验区。为适应我国城市化进程和土地流转需要,2008年,他们率先在农村开展产权制度改革。首先,他们做的第一件事是"确权领证"。每户农民要有权属证明,这是土地流转和获得财产性收入的前提和基础。成都市双流县的瓦窑村是试点村之一。该村距离成都市19公里,全村700多户,2500多人。2008年5月瓦窑村完成了确权颁证,确定了每户的土地、房屋面积,办理了全套产权证明。确权后,土地从此"生不增、死不减",不再调整。之后无论征用还是流转,都遵循"占谁补谁"的原则,收益不再集体平分,而是归农户本人。这些权属证明是:土地承包经营权证、林权证、集体土地使用权证、房屋所有权证。长期不变的土地使用权和土地确权,将土地权利给予了个人。

其次,当农民的资产能产生更高价值的时候,就需要新的机制来保障农民的话语权、自主权。瓦窑村的"农民议事会"正是在确权的过程中,从民间自发产生的。2008年确权工作刚启动时,该村一度矛盾重重,无法推进。几十年来农村的土地、房屋经历了无数变动,权属混乱,难以理清。最后,农民自己想出了办法,他们推举出一些他们心中有威望、信得过的代表,入户调查、实地测量、调解纠纷,最终解决了确权难题。由此,农民议事会成为农民自我管理的社会组织。瓦窑村一组议事会有议事员 6 人。"玫瑰天堂"和"锦绣城"两家公司租用了他们的土地,每年有 60 万元出租款。这些款项如何在 70 家农户中分配,是农民议事会要讨论的内容。讨论结果议事员要签字、按手印,张贴出来征求全组村民意见。

再次,在土地整理和自治的基础上,农民开始享有均等化的公共服务。在瓦窑村,农民住宅建设有"统建房"和"自建房"。前者是由政府统一建设的"田园诗驿小区",人均 35 平方米,直接拆旧房住新房,旧房多余面积按照政策标准赔付现金。后者是由政府统一规划"新农村",先按照标准对旧房进行赔付,再按照每人 35 平方米划给新建房土地农民,自己建房。之后,80% 的瓦窑村农民住进了小区和新农村。小区和新农村的外观风貌、公共基础设施、公共服务由政府解决。拆迁、补偿、建新区的资金主要来自两个途径:一是土地流转后的租金收入。二是土地整治后多出来的土地形成的收入。

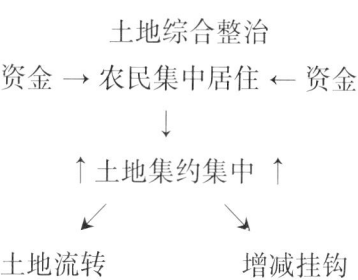

通过土地整理,瓦窑村基本达到了村容整洁,道路、通信、环境、垃圾处理等公共服务均等化。农民通过土地整治,不仅有固定的土地出租收入;而且每年有 1 万元左右的打工收入。村组两级成立农民议事会,实行农村社区自治管理。虽然农民住进了小区生活成本增加了,但是和以前种地比较,还是收入增加的更多。

在养老和医疗保险方面,成都市有城乡养老保险、新农村合作医疗。2008 年成都市还推出了"耕保基金"制度。只要农民保护好自己的耕地,政府就每年发给每亩 300 – 400 元的耕保基金,专项用于购买养老保险,以解决农民部分保费,同时也保护了耕地。目前,瓦窑村 98% 的村民参加了新农村合作医疗。

通过调查可以发现,瓦窑村农民的生活之所以发生了如此巨大的变化,主要是因为土地整理为土地流转创造了条件,也使土地释放出更高的价值。以前,农民的土地和房屋,是无法流动的,也就无法产生更高的价值。农民仅仅靠种地,既无力转向更集约利用土地,也无法转向现代化居住模式。瓦窑村的农民,事实上是通过对宅基地的整治,使自己获得了改善生活的资本。

城乡统筹综合改革的实践,使农民真正尝到了甜头。因此,在确权的基础上,瓦窑村农民做出了一个大胆突破:2009 年 5 月瓦窑村一组的农户以按手印的方式,决议将土地承包经营权期限,由以前规定的 30 年,改为"长久不变"。此份按满手印的决议如今已被中国革命历史博物馆收藏,并和 30 多年前开启包产到户的安徽省凤阳县小岗村的手印协议收藏在一起。

事实上,土地确权不仅使农民的财产权得到了明确,也意味着把财产的处置权还给了每家农户。农民有权以转包、出租、互换、转让、股份合作等多种形式进行土地流转。村集体不能再像过去一样,代农户做主。确权后,每家的土地权属很清晰。出租价格也是农民派代表直接和企业谈。每亩地租金按 1000 斤大米的市场价计算,随行就市,农民也不吃亏。

成都市某副市长认为,成都的改革就是让农民当家做主,只有农民都有权决定自己未来的走向,他们的权利才真正落实了。

也只有当农民都真正意识到自己权利的时候,改革就离成功不远了。所以,成都市城乡统筹综合改革的核心就是四个字"还权赋能",把权利还给农民。首先,是把农民的财产权利还给他们,而且是长期的财产权。"有恒产者有恒心"。农民有了恒产,就可以依靠自己的力量来解决自己的问题。土地权利由"我们的"变成了"我的"。我们是个集合名词,人格化的程度非常低,而产权一定要人格化,才会真正有人去关心它,维护它,让它升值。从复数到单数,是一个非常重要的飞跃。其次,农民议事会还社会管理权给农民。从选举、决策到监督,使农民不仅有财产权,而且有社会管理权。这些权利结合在一起,农村就会发生很大的变化。最后,农民有了医疗保险、养老保险,这是还农民以社会福利权。过去那种认为农民的承包地,就是他们的社会保障的看法,这是片面的。实际上,农民也是纳税人,是公民,不管公民在什么地方生活,公共财政的阳光都应该照耀着他。

当农民有了财产权、社会治理权、社会保障权的时候,农民才具有了一个完整的人的权利,就真正使"农民"成为一种职业,而不是一种身份。其实,这些权利本来都是农民的。由于历史的原因,农民的权利由具体的变成了抽象的。抽象的权利主体是无法行使自己权利的。"还权"就是把农民应该有的权利还给他们。农民有了这些权利,就可以按经济规律和社会规律,拥有改变自己生活和生产状况的能力。实际上,我国进行的经济体制改革和农村改革,就是要把原来扭曲的东西回归到原来的正常状态,让规律发挥作用,这样整个社会就会迸发出惊人的创造力。这就是体制机制的作用。人还是这些人,土地还是这片土地,但是方式不一样,制度安排不一样,它的走向就完全不一样。

(3)地方政府为什么尊重农民财产权

笔者在很多地方城乡统筹综合发展试验中,都看到了地方政府对农民财产权和权利的敬畏。这种制度创新是否可持续呢？地方政府能否在没有民众直接选举的压力下,在一轮又一轮地方经济发展的浪潮中,持续尊重农民的财产权和权利呢？换句话说,如果一些地方政府确实做到了这一点,那么是什么促使他们尊重了农民的财产权和权利？我认为原因是多方面的。目前能够看到的至少有以下几个方面:

一是尊重农民的权利,实现社会民主、科学发展,已经成为我国改革开放、经济社会进一步发展亟待有所突破的制度瓶颈。长期以来,在经济领域调整政府与资本的关系方面,我国有了长足的进步,其核心是我们终于承认了市场机制在资源配置上的基础性作用。但在社会和体制转型过程中,如何加快社会建设,缩小贫富差距,实现公平正义方面,或者说,在处理好与人民的关系上,进步较小。所以,当改革进入深水区后,这种一快一慢的不协调状况,很快成为我国矛盾的焦点。对于处于社会弱势地位的农民来说,如何保护好他们的权利,激发他们的参与意识,使他们真正成为与其他社会成员地位平等的公民,显然关系着我国改革开放成败的命运。历史发展规律告诉我们,要想在我国实现可持续发展,就必须在尊重农民权利的基础上,民主执政、科学执政、依法执政。而农民的所有权利都是建立在土地产权基础上的。目前我国一些地方政府的制度创新,正是在这个关键点上,顺应了时代的要求,满足了农民的愿望。可以看到他们在历史潮流方面的自觉和主动。

二是地方官员在实践中明白了,尊重农民的财产权和其他权利是一个双赢的结果。强大的政府权力,可以集中力量办大事,提高办事效率;也可能超越边界,管了它不该管的事;还可能由于缺乏监督,为政府官员留下贪污腐败的空间。长期以来,我国各级政府大都在扮演无限责任承担者的角色,如果这种状况长期下去,不仅政府将不堪重负,而且现代市民社会的发展也将遥遥无期。现在,我国城乡统筹综合改革试验在农民的财产权和其他权利方面实现了突破,它破解了长期困扰我国的农民增收、农村公共服务、农民权利保护、农民参政议政、农村社区建设等一系列问题。政府在这个过程中密切了和农民的关系,实现了政府多年的施政目标,促进了城乡统筹协调发展,缩小了城乡差别和贫富差别。显然,这是一个双赢的结果。民主政治在社会资源的分配中终于起到了基础性的作用,地方干部也在实践中尝到了民主执政的甜头。

三是农民的权利意识,随着城市化进程和土地流转,已经逐步觉醒。他们已经开始组织起来,维护自己的权益。我国社会发展必然要经历一个长期的城市化过程。在此过程中,城市和农村都要经历巨大的变迁。对于城市来说,大量农民进城成为新市民,面对权利的不平等,这些新市民会为自己争取平等的权利。对于农村来说,土地流转凸显出土地作为农民财产和收入的重要性,也激发起农民组织起来,在与实力强大的公司谈判和与政府的对话中,争取自己的话语权。这些农民自发组织起来的"农民议事会""土地股份合作社",在维护农民利益,搭建土地流转平台,参与土地流转谈判,解决农民内部纠纷等方面,都发挥着积极的作用。可以预见,这还只是农民组织的初级形式,我相信,随着我国农村经济的进一步发展,这种组织还会有更高级的形式,实现全乡、全县的联合。有恒产者有恒心。当农民有了自己的财产权和经济利益时,其组织起来,参政议政就是必然的选择。这也倒逼着地方政府加快自己职能的转变,以适应这种新形势。

民主执政、科学执政、依法执政,实质是要从人治社会向法治社会转变。农民对自己财产权利的维护,既不能建立在地方官员个人品质的基础上,也不能建立在道德力量的基础上。这种基础是不牢固的,因为它可能会出现"人走政息"的情况,从而形成农民和地方政府的对峙局面,给当地的经济发展和社会进步带来负面影响。从目前来看,比较有效制约地方政府的手段,是赋予农民对县乡级地方官员的直接选举权。在过渡期,我们通过扩大选拔地方官员的公开程度和参与程度,也能起到一定的作用。但是,我们希望在扩大基层选举范围和层次上,有更大的突破,因为这是我国农民权利不受侵犯的基本制度保证。

2. 官民博弈:城镇土地征用折射出我国制度变迁轨迹

在我国城市化过程中,何如在城镇土地征用中,既保护好农民的权利,又适应城市化的发展,一直是我们追求的双赢目标。其中,制度化一般被公认为解决问题的主要手段。但笔者在调查中发现,这些制度要真正起作用,却是官民博弈的结果。这种博弈既显示了农民在博弈中不断成长的过程,也反映了我国制度变迁的规律。

一般认为,制度化是各种社会集团实现自身利益诉求的正常和理想的规范化渠道。这种制度包括各种法律、规章、政府政策等以明确形式确定下来的,并通过一定法定程序被立法和权力机构批准,并向社会公布的正式制度。在中国目前的转型时期,人们大多认为推进制度的不断演变,对于中国实现社会和体制转型非常重要。同时,我们也在社会实践中发现,尽管自我国改革开放以来正式的制度已经有了巨大的发展,但是令人遗憾的是,制度的执行却相差很远。而且这种差距还有扩大的趋势。显然,如果我们不能找到使制度真正起作用的关键环节的缺陷,并在实际工作中加以改进,那么这种"一条腿长,一条腿短"的局面,就仍将长期存在,并在实际上对我国成为现代民主、文明的社会主义国家,增加阻力,甚至可能造成转型的失败。

那么,在什么条件下制度才能真正起作用呢? 这显然与制度所约束的社会各方的力量对比有密切的关系。在这里,实际上存在着这样一种现象:监督的边际效用等于制度效用的临界点。这里的监督,是指制度所约束的社会各利益集团之间的相互关系,实现这种监督必须完全建立在社会各利益集团的力量对比和平衡上。因此,如果社会利益集团关系中出现不平衡,即出现某一集团权力十分强大,而其他相关方力量十分弱小时,制度是不会被遵守的。这时,无论权力强大的一方是地方政府,利益团体,还是普通民众,都概莫能外。同时,社会各利益集团在博弈中,相互监督的边际效益正是制度发挥作用的临界点,也就是说,超出了这一边界,不仅监督的效益呈下降趋势,而且制度也不会被遵守,并开始失去其作用。

我国的制度变迁,就是在这种平衡、平衡的打破、又建立起新的平衡的循环往复的螺旋式上升运动中,逐步实现的。而我国目前在建立服务型政府、公共财政、信息公开、制度创新及其可持续发展等很多方面面临的制度瓶颈,恰恰就是在实现社会各利益集团博弈、力量平衡和监督方面,存在着缺陷。

笔者近期在对浙江省温州市、安徽省淮北市、重庆市忠县和开县、内蒙古自治区巴彦淖尔市临河区关于城镇土地征用的调查证明了这一点。目前,我国的城市化进程十分迅速,由此带来的城镇土地征用方面的矛盾和问题也成为了社会关注的热点。因此,在这个问题上反映出来的制度化矛盾与问题,有鲜明的典型意义和方法论上的指导作用。对这个问题的剖析有助于对我国制度变迁轨迹的理解和认识。在调查中,浙江省温州市在土地征用和城市化方面走在了前列。① 目前温州市已经基本完成了城市化的过程。一个明显的迹象是,在温州市目前已经没有可供征用的土地了。要想获得土地,现在只有一条路:填海造地。

温州市在土地征用上大致可以分为三个阶段。② 第一阶段从20 世纪80 年代中期到90 年代后期。由于市场经济处于起步阶段,用地没有指标控制,用地政策比较宽松,地方政府在征地上所拥有的权力几乎是无限的,农民基本上处于被地方政府任意摆布的地位。对农民的安置主要是安排工作,户口迁为城市居民。第二阶段从90 年代末到2005 年。由于1999 年新的《土地管理法》出台,房地产业开始启动,建设用地开始趋于紧张,安置用地指标的价值开始显现,农民维护自身权利的意识逐渐增强,与政府开始就土地征用补偿进行博弈,并且开始迫使地方政府和企业在利益方面对农民的要求进行价外补偿。这个阶段的土地补偿形式主要是货币补偿为主。第三阶段从2005 年至今。随着温州市土地价格的飞速飙升,以及国家对土地管理的日益严格,农民与地方政府之间在土地问题上的博弈,开始进入了一个力量相对平衡的时期,即地方政府在土地征用方面不仅要面对中央政府的督查,而且要面对强大民间力量的对抗。过去地方政府常用的强力措施在这时已经大为削弱,农民、企业和地方政府此时都希望能够在现有法律政策的基础上,进行协商,用法律和政策来约束对方,实现三方的共赢。

在调查中,当地官员也承认,当地方政府在征地问题上拥有

---

① 《市委办公室、市政府办公室关于加快农村土地承包经营权流转的实施意见》,中温办发(2009)135 号文件。

② "温州农村土地承包经营权流转机制与政策研究"课题组:《温州市农村土地承包经营权流转机制与促进政策研究》,2009 年8 月3 日。

几乎无限的权力时,他们是没有动力去遵守有关的法律法规以及政策规定的。① 最初对农民的补偿主要就是安排工作和将户口从农村迁往城市,以及对失去劳动能力农民的部分货币补偿。当1994 年以来补偿措施失去作用后,货币补偿就成为了主要的形式。也就是从这时开始,1999 年到 2004 年,温州市各级地方政府就拖欠农民的征地款 10 亿元,占整个征地补偿款的 1/8。对农民土地的剥夺还以多种形式存在:2004 年温州市有开发区 47 个,实际批准的只有 21 个,26 个未批准的开发区中还有 15 个未备案。1999 年至 2003 年,批准征用土地 27 万亩,实际征用数字是它的 3倍,包括 1/3 的道路建设、1/3 农户违章建设、1/3 的开发区建设用地。地方政府违规通过低价收购储备农民的集体土地,用以在以后高价出售。如 2005 年乐清北白象镇贷款 1 亿元,收储农民土地 5000 余亩,计划建设园区;洞头县在出台片区综合价之前,大肆收购储备农民集体土地,面积达该县前 5 年报经征用土地的 3倍,并强迫农民领取"征地款";另一个县也用建设经济开发区的名义,收储和预征农民集体土地 2655. 8 亩,而支付的"征地补偿费"仅为规定金额的 50% –70% 。此种对农民土地权益的强势剥夺,大多是地方政府与当地村干部联手实施的,这也引发了不少村干部的腐败行为,激起了广大农民的反抗,甚至引起了社会的动荡。

　　显然,农民并不会对此种剥夺熟视无睹和长期忍受下去。他们也在采取各种手段来维护自己的利益。价外补偿就是其中的一种。当农民对土地征用补偿感到不满时,他们通常的做法是通过阻拦施工,来获得价外补偿。例如,1999 –2003 年瑞安市征地

---

① "温州市被征地农民问题政策研究"课题组:《温州市被征地农民问题政策研究》,2005 年 11 月。

补偿标准为每亩 3.7 万元,但安阳街道征地实际补偿款到村最少要每亩 5.7 万元,其中 2 万元为土地填方费用。实际上,被征地农民收到填土方的款项后,并不会去填土方,最终还是要用地单位去填土方。但是如果不交这笔钱,用地单位就别想进场施工。瑞安市 1999 - 2003 年 5 年间征地补偿标准总额为 99065 万元,实际到村委会账户的征地款达 192240 万元,额外补偿达 93175 万元,实际补偿水平超过补偿标准金额的 94%。这种现象在温州市非常普遍,而且到后来逐渐演变为农民和村委会对开发商和地方政府的敲诈勒索。由此,地方政府和开发商也需要用法律法规和政策来约束农民和村委会的非法要求。①

为了协调农民、开发商和地方政府在土地征用补偿方面的矛盾,除了需要各方都能够按照法律法规和政策来办事之外,温州也创造了一些各方面都能够接受的创新制度。其中,用位置较好的城镇宅基地置换农民的承包地就是其中之一。这是一种存量土地的调整方法,农民把自己的承包地让出来,以换取在城镇里面积小很多的宅基地,多出来的土地就成为了地方政府和开发商的可使用土地。用这种办法,农民可以获得价值很高、面积较小的宅基地,并可以在城市经商、居住,开发商和地方政府得到的则是多出来的承包地。

显然,在城市化和市场经济较之其他地区率先发展的温州市,其在农民土地征用补偿方面的经验教训,对于我国中西部地区是有借鉴意义的。笔者在重庆市忠县调查时,就发现当地在如何处理农民、开发商和地方政府关于土地征用的问题上,有了与

---

① "温州市被征地农民问题政策研究"课题组:《温州市土地征用政策述评》,2005 年 2 月。

温州市有些类似的制度创新。① 这种被称为"地票"的制度创新的含义是：地方政府通过政策鼓励和支持农民建设"巴渝新居"，将分散的农民住房相对集中起来，新建房按照"巴渝新居"的图纸进行施工，这就将节省出一部分宅基地的土地，这些节省出来的土地集中起来后，可以拿到重庆市的"土地交易所"挂牌交易，土地交易收益在扣除了成本后，每亩地当地镇政府可以得到 5.4 万元。2009 年笔者调查的忠县三汇镇就通过这种土地整理，得到 400 亩地，准备在 2010 年拿去进行交易。农民建"巴渝新居"则可以得到政府的各种建房补助，包括：每人 5000 元；每户 3000 元；砖混结构住房每平方米补助 150 元；砖木结构每平方米补助 80 元；土木结构每平方米补助 50 元。积极搬迁建房还在以上基础上再奖励 5%。当地政府通过这种做法来实现农民、开发商和地方政府在土地征用和补偿方面的三赢。

在保护农民利益方面，笔者在安徽省淮北市②和内蒙古自治区巴彦淖尔市③看到的农民土地征用补偿情况，都比 20 个世纪90 年代和 21 世纪前七八年好了许多。失地农民普遍得到了养老保险，征地补偿金也有了大幅度的提高，尽管还有不少不如人意的地方，但是，有关利益集团都开始学习在法制轨道上，依法来解决彼此的利益分配关系。这显示出，经过 40 多年的市场经济发展，民众的力量开始慢慢取得了与地方政府谈判的地位，力量开始向均势方向发展，这是值得我们期待的。

---

①　参见笔者 2010 年 4 月在重庆市忠县三汇镇的调查记录。

②　参见笔者 2010 年 4 月对安徽省淮北市的调查记录。

③　参见笔者 2010 年 4 月对内蒙古巴彦淖尔市临河区的调查记录。

3. 生产要素的流动与农村土地承包责任制基础上的制度创新

在当前关于农村土地问题的讨论中,一般可以分为两个方面:一个是城镇土地的征用;另一个是农村土地的流转。前者更多地反映了官民博弈,折射出我国制度变迁轨迹,已经引起学者、媒体和社会的广泛关注。后者则反映了我国市场经济体制建立过程中的基础性工作:生产要素的流动。这是我国构建农村市场经济体系,实现农民致富的基础工程,缺少它则无法从根本上完成向市场经济体制的实质性转型。

现阶段农村发展的重大问题之一是农民的致富问题。一般有两条途径:一是技术创新,主要包括采用新的品种、新的耕作技术和方法;二是组织和制度创新,通过创立新的经济组织和经济制度,合理配置和利用农村的各种生产要素,来达到致富的目的。前者大致属于生产力的范畴,后者则是对生产关系的调整和改进。农村生产要素流动的制度创新,则属于后者。

目前,没有人会天真地认为,我国市场经济体制要建立在各种生产要素静止的基础上,因为过去计划经济体制的一个重要特征,就是生产要素的非流动性,那是没有办法实现资源的合理配置的。我们承认市场作为资源配置的基础性作用,就是承认生产要素是需要流动的。只有在流动中,资本才能够增值,才能够创造更多的社会财富,这中间也包括了农民的增收。其实这是关于市场经济理论的基本知识,并不是什么高深的学问。但是在实践中,人们却不时违背这条基本的原理,做出一些与市场经济基本规律背道而驰、似是而非的决策和选择。在农村土地流转问题上,我们就面临这样的挑战。

我国农村的生产资料可以基本归为两类:农村劳动力和土

地。改革开放 40 多年来,农村劳动力的流动已经渐成大势,它极大地促进了我国城市化的进程,同时也使这种生产资源通过流动得到了合理的配置。同样一个农村劳动力,在城市还是农村,其产生的经济效益是完全不同的。

对于土地这一农村最重要的生产资料的流动问题,在经过了多年的讨论、研究和试点之后,很多学者和政府官员也终于越过了土地不能流动的门槛,认为经过严格的规范,我国农村土地完全可以采取适当的形式进行流动,以促进农村经济的发展和农民的增收。

目前,我国农村土地采取的是村集体所有,农民拥有土地的长期承包使用权的制度。农村土地承包责任制是我国农村土地的基本制度。这一制度的优越性在于:它保证了村集体对农村土地的所有权,从而在制度上防治了土地的私人买卖,蕴含了公有制的成分。该制度又将土地的长期承包使用权交给了农民,使农民对自己承包的土地拥有了类似土地所有权所包含的一切权利。这就把市场经济中产权的基本内容包括进去了。这种农村土地承包经营权,在某种意义上等同于所有权。正是该制度的这些优越性,使得它从产生之日起,就显示出了强大的生命力,也极大地促进了我国农业的大发展,得到了广大农民的衷心拥护和支持。显然,当前我国农村土地流转的制度创新,必须建立在这一我国农村土地基本制度之上,才是合理的和可行的。

从目前我国各地的具体实践来看,由于不具备土地私人买卖的制度条件,农民承包地流转的具体形式大都采取了租赁、承包、入股、建立土地合作社和土地银行等形式。通过这些形式使农村土地与投入农业的资本相结合,产生新的农村经济组织和经济制度,达到提高农业生产效益和农民增收的目的。

2010 年 4 月份,笔者前往浙江省温州市、江苏省南京市六合区、安徽省淮北市濉溪县、重庆市忠县和开县,内蒙古自治区巴彦淖尔市临河区调查农村土地流转问题时,深感地方政府在农村土地流转方面的开创性工作和制度创新。

温州市的农村土地流转肇始于20世纪80年代,到1996年已经快速推进,进入2000年后出现明显的地价上升,目前,已经进入竞价包地阶段。从2002年温州市农村经济统计资料开始出现"农户承包地流转总面积"栏目,具体流转亩数如下:

2002 年	2003 年	2004 年	2005 年	2006 年	2007 年	2008 年
360433 亩	424399 亩	331552 亩	409521 亩	450851 亩	534149 亩	571725 亩

2009年春耕备耕期间,温州市瑞安飞云镇农民出现竞价承包土地现象。农民历昌荣拿出29万元承包了1180亩农田,一举成为当地承包农田最多的大户。在此情形下,另一农民陈庆福赶紧又在原有的每亩350元的价格基础上再加上20元,才挽回部分流转地。①

在安徽省淮北市,截至2010年3月底,全市农村土地流转面积已达22.5万亩,其中流转耕地面积16.7万亩。② 流转的主要形式有:

租赁	转包	互换	入股	其他
16.1 万亩	3.1 万亩	1.7 万亩	1.2 万亩	0.4 万亩
占 71.6%	占 13.8%	占 7.6%	占 5.3%	占 1.7%

---

① 温州市农业局:《温州农村土地承包经营权流转机制政策研究》,2009 年 11 月。

② 淮北市农业委员会:《关于我市农村土地流转工作的汇报》,2010 年 3 月 29 日。

　　淮北市 21 个乡镇办事处普遍建立了农村土地流转服务中心（或办公室）和土地流转市场，326 个行政村全部配备了农村土地流转信息员。全市已有 40 多家农民专业合作社通过农村土地流转建立规模种养基地，发展高效规模农业。自 2009 年以来，淮北市通过土地流转新建规模（50 亩以上）养殖小区（场）19 个，高效种植（50 亩以上）小区 115 个。该市还组建了农村土地股份合作社 4 家；农村土地信用合作社 13 家；农村土地流转合作社 4 家。仅 2009 年，淮北市财政扶持土地流转资金就达到了 617.55 万元，而且每年安排 300 万元农村土地流转专项资金，用于扶持农业规模经营、土地流转合作社和中介组织建设，引导业主增加投入，放大资金扶持效果。①

　　在安徽省淮北市濉溪县百善镇的"安徽省财政厅农业综合开发示范区"内，笔者了解到，该示范园区面积 2.8 万亩，现已经入住了 4 家企业。笔者考察了由顺达公司和大自然公司联合投入 650 万元成立的安徽厚望食品有限公司。该公司 2009 年从农民那里承租土地 520 亩，每亩租金 800 元，期限 30 年，建起了 100 个半地下式日光温室，从事绿色蔬菜生产。有 130 多名出租土地的农民在企业工作。公司保证每户农民每年每亩可得租金 1000 元；产品销售盈利四六分成，农民得六，公司得四；每人每月不低于 1000 元。该企业 2009 年 10 月成立，经过半年多的运转已初见成效。公司则可以从政府那里得到补贴，主要包括土地流转补贴：淮北市 200 元/亩，濉溪县 50 元/亩；菜篮子补助：市 8000 元/亩，县 5000 元/亩；省农业综合开发补助 52.5 万元（一次性）；还有修路、水利补助等。厚望食品有限公司蔬菜基地负责人王传魁

---

① 　淮北市农业委员会：《加快农村土地流转，推动农业规模经营——全市农村土地流转工作汇报》，2010 年 3 月 30 日。

告诉笔者,他们看好这项投资,预计三年后,就可收回投入。①

重庆市忠县是柑橘之乡。那里的农地流转主要有 5 种形式:公司租赁、大户承包、农民公司、代耕代种、认购经营。到 2009 年底,该县已流转农民承包地 31.25 万亩,占全县耕地的 1/3,28 家龙头企业参与其中。具体分布是:用于粮油生产的 13 万多亩;蔬菜 3 万亩;水果 14 万亩;养殖业 6000 亩;茶叶 2000 亩。忠县流转土地的原则是依法、自愿、有偿、有序、集中经营。美国博富文柑橘有限公司租赁了柑橘园 9.62 万亩,每年每亩租金 440 元,农民在该公司工作的劳务收入为每月 400 元。②

在内蒙古自治区巴彦淖尔市临河区③,当地企业"内蒙古游牧一族生物科技有限公司"向临河区一牧民租赁 1.5 万亩沙漠的 50 年使用权,用来种植一种生产保健品的中药材"苁蓉"。笔者跟随公司总经理贺文军访问了那户牧民,交谈中牧民非常乐意将自己承包的沙漠出租出去,以获得更高的收益。

在笔者调查的很多中西部省区,劳动力转移的幅度非常大。在重庆市忠县的三汇镇,那里的干部告诉我,当地劳动力外出比例在 70% -80%,有 10% 的农户已经不再回农村居住了。安徽省淮北市 2009 年有农村劳动力 65 万人,其中外出务工的有 39.7 万人。由此可见,这样大规模的劳动力转移,必然带来农村生产要素土地的大规模流动。这是千家万户的农民与千变万化的市场经济相适应的必然选择,也是不以人的意志为转移的客观规律。政府在这种农民组织制度的创新中,要因势利导,在政策上予以

---

① 参见笔者 2010 年 4 月在安徽淮北濉溪县百善镇的"安徽省财政厅农业综合开发示范区"的调查记录。

② 参见笔者 2010 年 4 月在重庆市忠县与县农委干部的座谈记录。

③ 参见笔者 2010 年 4 月对内蒙古巴彦淖尔市临河区的调查记录。

支持,对制度创新进行规范。农村土地通过流动产生出的经济效益,必将成为我国农村继联产承包责任制、农村税费改革之后,推动我国农业向前迅猛发展的强大引擎。预示着我国农村的经济发展,将在组织制度创新方面迎来新局面,展现更强的活力,持续支撑我国经济长期、稳定、健康、高速发展。

　　总之,我们就是要树立这样一种观念:在市场经济中,各种生产要素如果不能流动,是不会产生效益的。生产要素的流动,是市场经济的血液。我们要想通过市场经济使农民富裕起来,就要通过农村的组织创新、制度创新,使农村的生产要素逐步流动起来。目前,农村劳动力的流动基本实现了,大大促进了农村经济的发展。但农村中最大的生产要素——土地,则在流动问题上仍然处于起步阶段。很多人害怕,一旦土地流动,会导致土地集中,农村出现两极分化。其实,只要我们坚持农村土地承包责任制不变,农民流动的土地,只是使用权,农民可以通过入股、出租、建立土地合作社和土地银行等形式来实现土地的流转,而不是简单地把土地卖掉,这样,既发挥了土地在流转中的增值作用,又保护了农民对土地的控制权,是一种双赢的选择。

三、一种中国式的社会整合:从社会化维权到企业社会责任建设——义乌市总工会的制度创新和可持续发展

　　处于转型中的中国社会,每天都面临着大量的社会矛盾和冲突。近年来,随着中国经济的高速发展,以维护劳动者权益为核心的劳资冲突,由于与经济发展、个人权利保护、企业利益和社会稳定密切相关,广受社会关注。经济较为发达的东部沿海地区,首先对这种矛盾和冲突感受最深。那里的地方政府也面临着巨

大的挑战。危机和机遇共存。冲突和创新共生。巨大的经济总量也成为制度创新的试验场。由此,探索中国社会建设新路径,实现社会的整合,成为东部沿海地区地方政府顺应世界民主化潮流,建设和谐社会,实现经济社会可持续发展的迫切任务。

1. 社会混乱通行丛林规则,催生黑社会组织

改革开放40多年来,中国社会的结构分化已大体定型,大致可以分为三个系统:以政府官员为代表、以政府组织为基础的国家系统;以企业主为代表、以企业组织为基础的市场系统;以公民为代表,以社会组织或民间组织为基础的公民社会系统。改革首先解决政企不分问题,实现政企分开,即政治国家和企业组织的分离。然后国家和各种民间组织和民办非企业组织的分离,即国家和社会的分离,一个相对独立的市民社会开始产生。大家逐渐认识到,一个健康的市民社会,是和谐社会的重要组成部分。

在市民社会中,民众利益的保护需要有自己的组织,单个公民在保护自己利益方面是难有作为的。在义乌市,农民工作为市民社会的组成部分,其利益的保护处于制度空白点,因此混乱的劳资关系必然催生出黑社会组织,农民工在权利受到侵害,求告无门的情况下,往往依靠的是各种"同乡会"或帮会组织。就好像在当前医患关系上,如果没有公正的救济途径,患者方就会选择"医闹"一样,在正常制度救助缺失的情况下,社会通行的就会是弱肉强食、威胁社会稳定局面的丛林规则。这显然与党和政府的执政目标和广大民众的根本利益相冲突。面对维权的农民工,对抗性思维无疑会把事情越弄越糟糕。假如所有企业都用"打手"来对付维权的农民工,只会出现更为血腥的场面,如同强拆只会激起越来越多的反抗。要疏导,而不是强行堵塞,否则决堤的洪水更可怕。

事实上,在绝大部分的劳资关系冲突中,尽管企业和老板也有委屈,但是,无可否认的是,农民工才是真正的弱势群体。当面对劳资纠纷时,在每一种救济途径中,农民工都处于弱势地位:途径一:去政府劳动仲裁部门做行政调解:公正性让人疑虑。地方政府总是和老板更亲近,去这里做调解,往往让农民工觉得缺乏公正。途径二:走司法途径:成本高、时间长,打官司耗费的时间、精力,让农民工"伤不起"。途径三:去第三方机构调解。这是方向,但还在探索阶段。实践中这个机构的编制、经费都成问题,这种新兴的机构目前公信力也不足。既然上述的途径都很难走,那么农民工就很容易选择私了。而职业的"同乡会"或帮会组织在维权过程中的高效、迅速,无疑对农民工有着相当大的诱惑。

所以,地方政府亟需一个部门或组织,既能代表政府并为政府所信任,又能帮助和引导农民工合理有序的维权,来防止劳资冲突中那种灾难性的、对抗性思维的蔓延。在中国目前体制下政治整合尚缺乏空间,体制外的劳工维权团体生存尚有较大难度,且即使存在也难以与地方政府取得合作和谅解的条件下,原来体制内以统战为主要任务的工会组织就成为了兼具政府功能和代表劳工利益的有效载体。这是中国特色的工会组织能够进行制度创新的前提。在义乌市,原来社会劳动事件多发,市工会通过社会化维权,把农民工的权益诉求纳入了制度化的解决渠道。这就创造了一个有价值的中国式社会整合经验。

一般认为,处理稳定的机制有两种途径:政治整合;社会整合。二者虽然都有赖于力量平衡结构,但作用的机制不同。在义乌市可以发现,工会在现存体制内工作,它没有构建新的政治机制。比如明确代表某群体利益,推进它们的权利扩展,通过动员、谈判、制衡、展示影响力进入公共领域,用价值口号正当化自己的目标并吸引人们认同,等等。社会整合主要通过法治推进和社会团体的活跃角色达成。如果社会团体提供的中介功能,能够有效帮助人们顺利接近公务机构,彼此的冲突就会降低,彼此的依赖、归属、认同和内聚就被加强。更重要的是,这种加强是以理性、证据和程序来实现秩序,不必经由暴力冲突解决问题,因而社会的稳定性增加。这种机制可以解释,为何在义乌市劳资纠纷普遍,但群体性事件较少发生的原因。所以,义乌工会的角色是社会整合而非政治整合,但却有重要的政治后果:大量中介性社会组织填补结构漏洞,将劳资纠纷引向依法解决的渠道,降低了个人事件转化为群体事件、社会冲突转化为政治冲突的概率。

义乌市作为享誉全球的小商品生产和流通集散地,外向型经济比重很高的经济发达地区,也是我国劳资矛盾冲突的高发区,因此,通过工会维权来实现社会整合的制度创新,发端于此也就不奇怪了。这种创新对于中国来说,并不仅仅是一种过渡性制度安排。只要起替代作用的中国的普选制度没有真正建立起来,这种制度就总会有生命力。因为它在政府与民众之间搭起了一座联系的桥梁,可以实现政府、企业、职工的共赢。

2. 职工社会化维权

和一百多年前的美国城市化进程相似,近十几年来中国城市化高速发展,多达2.42亿人农民进城务工,农民的工资性收入占到其收入的50%以上。但他们是城市中的弱势群体,其权益经常得不到保护,由此产生了大量的劳资纠纷和冲突,影响了社会的稳定。

浙江省义乌市(县级市)面积1096平方千米,下辖6个镇、7个街道和一个工业园区。2010年地方财政收入为80亿元。义乌市是中国著名的小商品生产和销售集散地,目前全市有各类民营企业2万余家,形成了针织袜业、饰品、工艺品、毛纺、化妆品等20

多个优势行业,其中制笔、化妆品、无缝针织服装、工艺礼品等8个行业已被授予国家级产业基地荣誉称号。2008年义乌市60%的企业是外向型出口企业。

2010年义乌市本地户籍人口73万人,有135万外来人口在义乌市务工,另有25万流动人口,外地人是本地人口的2倍多。1997年开始,义乌市每年劳动纠纷案件均超万起,呈现出高发性、多样性和复杂性的特点,曾出现过职工跳楼、老板被杀、外来务工人员组织地下同乡帮会等案件。如:浙江开化帮、安徽定远帮、江西帮等,严重影响了当地的社会稳定和经济社会发展。例如,2000年在义乌市荷叶塘镇发生过一起由欠薪引发的血案。一名从贵州省到义乌市打工的农民,因为多次讨要工资不成,便潜入雇主家中,杀害了包括孩子在内的一家3口。2005年5月,18岁的打工青年汪斌余,因为讨要5000多元工钱只拿到了50元,并遭到老板的谩骂,动手杀死老板一家4人,重伤1人。

1999年3月,陈有德担任义乌市总工会主席,首创了义乌的农民工社会化维权模式,在解决劳资纠纷方面,起到了很好的作用。他们通过调查发现,当前社会主要有3方面意见比较集中:一是职工的合法权益屡遭侵害;二是劳资矛盾日趋增多;三是律师队伍现状无法满足职工维权需要。所以在2000年10月12日,义乌市总工会大胆探索,在全国率先成立了专门的维权组织:义乌市职工法律维权中心。该中心经民政局批准,属于非营利型社团组织,具有法人地位,独立承担民事责任。中心主管单位是义乌市总工会,业务上接受公安、检察、法院、司法局的指导。中心内设来访接待室、调查处理室、法律服务室3个部门。

在运作上,义乌市总工会通过"构建一个中心,运用三个机制,开展多方联合"为职工维权。

一个中心是:义乌市职工法律维权中心。

三个机制为:调解机制、仲裁参与机制、诉讼代理机制。

多方联合为:建立社会化维权体系。通过与新闻媒体、律师事务所、兄弟部门联合,借用有关部门的力量,建立社会化维权机制,改变了工会单枪匹马搞维权的局面,强化和充实了工会维权手段,在维权上形成合力,弥补工会维权的不足。

社会化维权主要指:一是维权顾问社会化。聘请市委、市政府五大班子领导,及公安局、检察院、法院、司法局、劳动局等职能部门的主要领导为职工法律维权中心的顾问,为社会化维权工作提供有力的领导保障。二是维权人员社会化。2000 年 10 月 12 日成立工会维权专职机构——义乌市职工法律维权中心。通过将专业化维权工作者与内部维权力量的有机整合,再加上社会各界聘请的法律志愿者队伍,实现了维权力量的社会化。三是维权经费社会化。对维权经费采取"工会出一点,政府拨一点(50 万元),社会筹一点"的办法解决。四是维权网络社会化。建立了社会化维权的组织网络,实现了横向跨地区,与浙江省开化市、辽宁省抚顺市、四川省成都市、江西省弋阳市等 10 多个省外城市的工会实行"城际间工会维权联动";纵向到企业,义乌市总工会有职工法律维权中心,镇街道建立维权工作站,企业建立劳动争议调解委员会,建立了社会化维权信息网络体系,与政府相关部门实行热线电话连线,广电联动,部门互动,投资 30 多万元建立了网站呼叫中心,确保各类询问、投诉案件在第一时间获得回应,得到快速有效解决。五是维权手段社会化。工会主动与公安局、检察院、法院、司法局等职能部门、律师事务所、新闻媒体、高等院校等联合维权。

从 2000 年到 2010 年 12 月 31 日,义乌市工会职工法律维权中心共受理投诉案件 4708 起,调解成功 4430 起,成功率达 93.6%。免费为职工出庭仲裁代理 225 起;出庭代理诉讼 317 起;共为当事人追讨工资及挽回经济损失 2339.3485 万元。自 2000 年义乌总工会社会化维权模式实行以来,义乌市的劳资纠纷大幅度下降,到 2010 年,每年的劳资纠纷已经下降到只有几百起。这种做法在 2004 年 11 月 27 日得到了胡锦涛总书记的批示和赞扬"完善在工会组织领导下的维权机制很有必要。要注意总结经验,不断强化职能,更好地为职工服务"。2008 年义乌市总工会社会化职工维权项目获得了第四届中国地方政府创新奖。10 年来,义乌市总工会在农民工社会化维权和推行企业社会责任标准方面,取得了很好的进展,受到中央和浙江省的重视。目前这种做法已经在浙江省大面积推广。

3. 企业社会责任建设

从 2008 年起,义乌市的工厂、企业和商户逐渐遇到了用工荒。劳动力市场开始从卖方市场向买方市场转变。义乌市总工会适应这种市场的变化,从 2008 年开始对企业应担负的社会责任进行探索。2008 年 5 月,义乌市成立了由市总工会牵头,市委办公室、市政府办公室、市普法办公室、人事劳动保障局、经济发展局等 22 家政府部门和相关单位组成的"义乌市企业社会责任评证委员会",统一负责企业社会责任评估的各项工作。

同时,联合浙江大学公共管理学院,创造性地设计出了企业社会责任的"义乌标准"。"标准"以劳动关系、自然关系、社会关系为重点,涵盖了劳动合同、社会保险、劳动环境、教育文化、制度建设、资源利用、守法经营、产品质量、信用诚信、公益事业等 15 个大项,57 个具体执行标准,并将指标具体按照 1000 分制赋值标准,给予酌情打分,推动社会责任领域从企业"自我约束"到"社会约束"转变。

评证工作分为企业申报、部门核查、机构认证、社会评选 4 个程序。每两年一次,到期验审。评证等级分为:A、B、C、D、E5 级,对不同等级的企业实施多层次的激励措施。在 A 级企业中产生若干"义乌市最具社会责任企业",不仅要表彰,而且在企业年审、税费、银行贷款、能源利用等方面进行政策优惠。

义乌市邀请浙江大学公共管理学院作为第三方的评估机构,负责数据的分析评估。

2008 年 9 月"义乌市企业社会责任评证委员会"选择条件相对成熟的北苑街道进行试点。北苑街道共有规模以上企业 183 家。有 92 家提交了申报材料。在部门审核的基础上,由浙江大学公共管理学院进行第三方评估,评出 A 级企业 19 家;B 级 37 家;C 级 17 家;D 级 13 家;E 级 6 家。再对评出的 A 级 19 家的评证结果和企业提供的信息通过报纸、网络等媒体向社会公示,发动群众对企业有无损害职工合法权益、有无污染环境、有无生产不合格产品、有无发生群体性事件、有无发生安全生产事故、企业信用情况等问题进行监督,共收到市民投出的选票 83 万多张,从中评选出 14 家"义乌市最具社会责任企业"。

2008 年义乌市制定了《义乌市企业社会责任北苑街道试点管理规定(试行)》《义乌市企业社会责任北苑街道试点经费管理规定(试行)》《义乌市企业社会责任评证管理办法(讨论稿)》等制度和规章,参考国际、国内通行的相关指标体系 SA8000、纺织行业(CSC9000T)、食品卫生(QS、HACCP、ISO)、质量安全(SIO9000)、环境保护(SIO14000),建立并发布了"义乌市企业社会责任的评价标准"。这种做法,使工会社会维权的关口,从事后维权转变为事前维权,深化了对企业职工权益的保护,这样既保护了职工的权益,也维护了企业的合法利益,是一个双赢的结果。2010 年 7 月,国际标准组织制定的首个社会责任标准 ISO26000 正式通过成为国际标准公布实施。这将在很大程度上改变社会责任的发展格局,在更大范围内加速推动社会责任的实施。这对于义乌市的外向型经济是一个巨大的压力和挑战。两年前"义乌市企业社会责任的评价标准"的制定和执行,在很大程度上主动迎接了这种挑战,对中国制定相应的国家标准,实现与国际标准的接轨,争取达到国际互认,奠定了基础。

4. 制度创新的可持续发展

义乌市总工会从 2000 年起进行制度创新,至今已经十年有余了。他们之所以能够在十多年里从对农民工权益的社会化维护,走到对企业社会责任的培养,实现了地方治理创新的可持续发展,是由多种因素造成的。本来,在地方政府系列中,像工会这样的部门一直是处于边缘化的状态。他们既不是纯粹的民间组织,也不是完全的官方部门。就以义乌市总工会来说,直到目前,真正有公务员身份的工作人员,也只占全部工会干部的1/5,其余的则是编外人员。笔者在 2011 年 3 月份赴义乌市的调查中,感到义乌市总工会制度创新的可持续发展至少有下列几条因素。

一是义乌市地处经济发达地区,民营经济占据整个经济比重的绝对优势。经济发展快不仅使义乌面临着比别的地方政府更多的严峻挑战,而且造就了人们权利意识的普遍觉醒。那些来自全国各地的农民工,能够到义乌市这个陌生之地打工多年,本身就与中国传统的农民是不一样的。发达的经济和市场环境使得他们很快就感到了自己权利和人格尊严的重要性和不可侵犯性。

二是当时义乌市经济发展面临严重的劳资冲突。不仅资方失信,使大量农民工由于自身权益得不到维护,转而投靠黑社会来进行维权,而且已经发生多起由劳资纠纷引起的杀人案件。严重的劳资冲突已经成为社会问题,使政府和司法的公信力下降,发展下去将使整个社会处于无序的丛林状态。

三是义乌市总工会主席陈有德的个人作用。陈有德自 1999 年 3 月担任义乌市总工会主席以来,10 多年来在这个岗位上已经有了两个重大的制度创新:职工社会化维权和企业社会责任标准。之所以如此,与陈有德的个人素质和创新意识有莫大关系。笔者在与陈有德和他的同事的接触中,深深感到这是一个要做事情的干部,有强烈的事业心和敬业精神。

四是国际环境的压力。义乌市是个外向型经济比重很高的城市。2008 年产品外销比重达到 60% 以上。在义乌市,凡是大型外向型企业,来自欧美的外商每年都要来"验厂",有时多达几十次,要求企业要有社会责任。例如,义乌市的"梦娜袜业"以前每年就有 30 多批次的"验厂"。后来该公司通过审核加入了"美国纺织品企业社会责任协议",就不需要再验厂了。2010 年 7 月通过的企业社会责任标准 ISO26000,就对所有义乌外向型企业提出了新的挑战。义乌企业要提高竞争力,履行好社会责任是很关键的。

五是义乌市委市政府对制度创新的宽容和支持态度。陈有德曾经告诉我,在制度创新的开始阶段,由于部门利益的障碍,非常困难。如果没有市委市政府领导的宽容和支持,是搞不下去的。可以说,义乌市的领导在市场经济大发展中,已经造就了对于新生事物的宽容态度。他们既然可以让民营经济大发展,为什么不能让义乌市总工会在解决劳资纠纷方面为市委市政府排忧解难呢?

六是义乌市的制度创新已经部分改变了当地的政治生态。中央高层领导的批示,浙江省委省政府的重视,全国新闻媒体的跟踪报道,各地前来学习的人流,以及目前中国劳资关系和分配问题成为热点,都预示着义乌的制度创新将不断持续下去。因为这是一个双赢和多赢的结果,是解决中国当前热点问题的好办法。

当然,也有学者对于义乌市的案例是否是独立个别的,它是否可能制度化并扩展向全社会存在疑问。原因是义乌市案例高度依赖本届领导(工会主席陈有德)的个人风格和荣誉。对此,笔者倒是在温岭市的新河镇看到了相似的案例。

温岭市是我国民营经济最发达的地区之一。新河镇则是以生产羊毛衫和帽业闻名。例如新河镇南鉴村,就是远近闻名的帽业专业村。那里常住人口只有 2015 人,却有规模以上的帽业企业 10 多家,联户企业 12 家,个体企业 270 家,吸引的外来务工人员超过了本地人口的 2 倍。南鉴村生产的帽子品种齐全,价廉物美,70% 销往东欧、中东等世界 60 多个国家。2009 年该村帽业总产值已达 10 亿元,人均收入近 2 万元,交税 700 多万。

温岭市新河镇总工会和新河镇长屿羊毛衫行业工会的实践,对义乌经验的可持续性和可推广性是很好的说明。新河镇是全国著名的羊毛衫生产基地,目前全镇共有羊毛衫企业 113 家,年产值达 10 亿元,企业从业员工 12000 多人,其中女职工 1 万人,外省务工人员 9000 多人,来自湖南、四川、安徽、江西、贵州、湖北等地。2003 年以前,这里劳资纠纷严重,仅 2003 年就发生上访 11 次 120 多人,成为影响社会稳定和企业发展的严重问题。从 2003 年开始,新河镇采用民主恳谈的方式,通过成立"新河镇长屿羊毛衫行业工会",与当地羊毛衫企业家组织"新河镇长屿羊毛衫行业协会",进行行业工资集体协商,出台统一的工价,公布了 5 个工种、59 道工序的标准和工价表。这样做了以后,既使员工能够"明明白白做工,清清楚楚拿钱",也稳定了民营企业的用工,保护了企业的利益,从而实现了职工、企业、政府三赢。从那以后,在新河镇总工会常务副主席陈福清同志的领导下,坚持每年都进行羊毛衫工价民主恳谈,引起了各级工会直至全国总工会的高度重视。2007 年 11 月 26 日温家宝总理也批示:"温岭的做法可以总结推广"。

　　陈福清所起的作用和义乌市总工会主席陈有德类似。而且，这样的个案还在不断增加，东南沿海省份的一些工会主席们，都在做各种尝试。不少地方工会在具有代表性和运用交涉权的实际运作中，获得了农民工的认同。在实务中，能否做到具有代表性和运用好交涉权，确实是工会能否起积极作用的关键。进一步发展，是工会将自身的制度性资源与工人自发形成的组织性资源相融合。目前，工会自身的制度性资源和工人自发形成的组织性资源，在多数情形下还没有形成融合。随着改革开放的深入，对这两种资源的融合是发展趋势，我是持乐观态度。

四、一则修路故事反映出制度创新可持续发展的规律

　　重庆市开县的麻柳乡以"八步工作法"的制度创新闻名于世。笔者 2006 年和 2007 年曾分别前往那里考察。[①] 时隔 3 年，2010 年的 4 月份，笔者第三次来到麻柳乡，想看看那里"八步工作法"现在的执行情况和存在的问题。跟踪考察地方政府创新项目的可持续发展，一直是笔者研究的重点课题。从 2006 年至今，麻柳乡的党委书记已经换了 3 任，乡长换了 2 任，"八步工作法"在当地也逐渐被干部和农民群众广泛接受，正在慢慢成为他们日常决策和管理农村事务的习惯。但是，笔者还是从当地修建两条村级水泥路的故事中，察觉到在现有政治环境和制度条件下，要使基

---

① 参见笔者的调查报告《危机管理和后选举治理的成功范例——对重庆市开县麻柳乡八步工作法制度创新的分析》，载《东南学术》2007 年第四期。《地方政府创新缘何难持续：以重庆市开县麻柳乡为例》，载《中国改革》2008 年第 5 期。

层政府的制度创新坚持下去的艰难和曲折。

　　一般认为,制度化是各种社会集团实现自身利益诉求的正常和理想的规范化渠道。在转型时期,人们大多认为推进制度的不断演变,是实现社会和体制转型必然选择。但令人遗憾的是,制度的执行却相差很远。而且这种差距还有扩大的趋势。显然,如果我们不能找到使制度真正起作用的关键环节的缺陷,并加以改进,那么这种"一条腿长,一条腿短"的局面,就将在实际工作中,既阻碍地方政府作用的转型,又难以实现民主执政、依法执政和科学执政。

　　麻柳乡 2007 年至 2009 年硬化的两条村级道路的过程,说明了这一点。

　　麻柳乡硬化的第一条水泥路,是 2007 年开始的从乡政府场镇到鹿峒村 9 公里的村级路。硬化道路持续了一年多。由于该路受益农民分布广泛、零散,受益程度难以计算,所以修路没有从受益农民那里集资,资金全部来自上级的专项转移支付和国家村村通工程款。工程概算为 368 万元。这种修路的资金来源,在很大程度上使乡党委、政府,甚至是乡主要负责人主宰了工程从招标到质量监督、验收的全过程,受益农民的参与程度大幅度下降。这样事实上造成了一方面乡党委、政府要为此工程承担无限责任,另一方面也造成受益农民的依赖思想,并且有少数农民对于施工中涉及到的自身利益(如需要租用农民的地方堆放建筑材料,需要拆除一些农民自己房前的台阶)而漫天要价。对于这样不同于"八步工作法"的做法,乡里一些干部和农民也提出过不同意见,但是都没有被乡主要领导采纳。在此情况下,很多乡干部都采取了回避态度,即不再过问修路事情,让主要领导自己去关心。

　　果然,这条路修到一半时,问题发生了。主要是因为修路超预算和施工质量存在问题,引起了施工队和农民们的不满。从施工队来看,他们说由于建材价格上涨,工程预算要从 368 万元上升为 460 万元,没有钱只能停工。而当地农民已经发现施工方不仅在施工的材料配比上,而且在路面的平整度上,都存在不少质量问题。一旦施工真的停下来的话,后果会十分严重。因为那时不仅农民和乡干部们会要求公布工程财务明细,搞清楚钱是怎么花出去的,为什么会超过预算 92 万元,而且在这种情况下,要想再动员受益农民集资来弥补这超出预算的 92 万元,已经是不可能了。更何况还有乡主要领导的威信将严重受损。几年后,笔者在麻柳乡时还有一些干部反映,当时之所以出现上述问题,就是没有按照"八步工作法"来办事造成的。在此紧要关头,麻柳乡更换了建筑队,说服施工单位垫资的方式,最后勉强把这 9 公里的路硬化完了。至今,距离完成修路已经 2 年多过去了,乡政府还欠着施工单位几十万元的工程款没有结清。

麻柳乡另一条硬化的村级道路是通往兴坪村的 4.5 公里水泥路。兴坪村位于高山上,这就使道路蜿蜒曲折,盘旋而上,十分险峻。最后决算下来,总共投资 170 万元。其中受益农民集资 50 万元,人均 300 元;国家村村通工程支付 90 万元;当地鲤鱼塘水库后辅工程补助款 30 万元。笔者沿着这条水泥路一直走到了尽头,感慨路的质量非常好,错车处、弯道处、学校门前、陡崖处等要害部位,处理得十分到位。这条路从 2008 年 8 月 8 日北京奥运会开幕那天开始建设,到 2009 年 5 月 2 日完工,历时近 9 个月。这是一条完全按照"八步工作法"进行决策、招标、质量监督、工程决算、账目公开透明的工程。事前,兴坪村按照"八步工作法"进行了全民公决,确定了受益农民集资数额和免交、少交人员条件。接着,他们成立了工程领导小组,由村干部、普通村民代表、乡包村干部组成,成立了财务管理小组,主要由村民代表和村干部组

成。聘请麻柳乡当地的施工队进行施工，由村民选举产生的质量
监督员监督混凝土配料和水泥铺设的质量。兴坪村党支部书记
邓廷章有十几年在广东番禺从事建筑施工的丰富经验，所以以他
为首的工程领导小组的监督不仅到位，而且内行。在施工中，兴
坪村也遇到了建筑材料涨价的难题，最后结算超出了工程预算 30
万元。他们召集党员、干部、村民小组长、村民代表开会集体讨
论，决定将上级发给兴坪村的鲤鱼塘水库后辅工程补助款 30 万
元，用于补足超出的预算，对此，村民没有意见。

　　笔者在调查中，一组数字的对比很能说明问题。9 公里平坦
的路，花了 460 万元才勉强完成，质量差强人意，农民和干部议论
纷纷。4.5 公里崎岖的山路，花了 170 万元，不仅质量上乘，而且
农民、村干部、乡干部都很满意。我曾经想，如果用"八步工作法"
来硬化那 9 公里的路，不仅可以节省投资 100 多万元，而且质量也
会和 4.5 公里的路一样好。这就是用不用"八步工作法"的区别。

　　随之而来的问题是，"八步工作法"诞生于麻柳乡，那里的干
部群众应该对这种方法的好处了如指掌，但为什么他们有时会在
实际的工作中放弃或者不完全使用它呢？笔者认为，结论只有一
个，那就是在这项工程中，没有形成相关利益方力量的平衡，乡党
委、政府甚至乡主要领导的权力很大，而民众的参与程度很低，没
有形成对权力的有效制约。在这种力量失衡的格局中，要想实现
政府的民主执政、科学执政和依法执政是很困难的。出现这样的
局面，不会因领导者个人的意志为转移，因为权力受到制约无论
对于国内还是国外的任何领导者来说，都是一种痛苦的选择，也
是无可奈何的选择，因为不这样做，民众不答应。那么反过来说，
如果领导者有这样的机会可以大权独揽，独断专行，那么他们怎
么会去主动要求接受监督，从而削弱自己的权力呢？我们可以设
想，在"八步工作法"的诞生地和普及程度很高的麻柳乡都是如

此,那就可以想象在其他乡镇和城市会是什么样子了。所以,要真正使创新的制度起作用,就要特别关注使制度能够得到遵守的客观条件,并积极创造这样的条件。

监督是有成本的。兴坪村对施工方的监督很严格。他们不仅有选出的专职监督员熊启平,而且还有像村民廖百安这样的自发监督志愿者,无时无刻不在观察施工方的一举一动,以至于施工方还打伤了兴坪村的监督员熊启平,使他不得不住院治疗,并赔偿了几千元医疗费。兴坪村还因为对施工质量有意见,下令停止施工十几次,乡政府为此召开了多达 40 – 50 次的协调会,仅仅乡主要领导就亲自参加了 20 多次这样的会议,来解决矛盾和问题。在这样强大的民间力量面前,无论是施工方还是乡党委、政府,都不可能一言九鼎,他们的权力都受到了制约,凡事都需要协商、讨论,最后以大多数人的意见为准。正是在这样的条件下,才造就出了高质量的道路,最后实现了三方或者多方的共赢。

以小见大。麻柳乡硬化修路的故事其实揭示了我国地方政府创新可持续发展的规律。从目前来看,在政府、开发商与民众之间,力量最弱的就是民众。可以说,不从根本上解决民间力量弱势和民众参与程度低下的问题,民主执政、科学执政、依法执政就难以实现,我国的社会和体制转型也将会付出更高的成本,经历更加曲折的道路。这一点值得引起特别关注。

第四章 转型、创新和可持续发展的国际比较

世界处在不断的变动中。当前,各国都面临着不同的转型、创新和可持续发展问题。发展中国家自不必说,就是发达国家,如美国,经历了自 2007 年开始的次贷危机后,也处于转型之中。他们的经验教训值得我们借鉴。

一、美国的制度真的衰败了吗?

在奥巴马执政的 8 年里,由于民主党、共和党两党在联邦参众两院的剧烈党争,出现了严重的"否决政治"现象。尤其是奥巴马第二个任期的最后两年,由于民主党失去了众议院的多数地位,以至于奥巴马在美国国内的政策制定和执行上基本处于瘫痪状态。

2016 年的美国总统选举,更是让"政治素人"特朗普异军突起,以反建制派的面目横扫"政治正确"和所有华盛顿老牌政客,成为新一任的美国总统。

对此现象,一些美国政治学者称之为"美国民主制度的溃败",似乎从美国联邦层面来看,这种说法也颇有根据。

笔者对美国地方治理研究有 20 年之久,并长期生活在美国,历经克林顿、小布什、奥巴马、特朗普各届政府,对于以上说法,虽然从现象上看似乎有些道理,但总觉得有些牵强。直到最近笔者

所在的美国东部马萨诸塞州的艾莫斯特镇(Town of Amherst)5 个月来就一个重大问题的决策过程所呈现出来的民主精神,我才明白,什么是美国的民主制度,这个制度的真正的生命力在哪里。

2016 年 11 月 8 日是美国总统的大选日。在那一天,除了要选出总统和副总统,各州还要选出一些州的官员,对州范围的数个重大问题进行公决,同时各个地方政府也要对当地重大问题进行全民公决。地处马萨诸塞州西部的艾莫斯特镇是一个大学城,麻省州立大学主校区(UMass Amherst)、排名美国学院首位的艾莫斯特学院(Amherst College) 以及汉普什尔学院(Hampshire College) 等 3 所大学位于该镇。镇内人口 3.5 万人,有 3 所小学。

2016 年初,为了改善镇小学教学条件,整合教育资源,由该镇学校委员会(School Committee) 提出了一个耗资 6636.9 万美元重建小学议案,得到了麻省学校建设局(Massachusetts School Building Authority)的批准,并愿意为该议案提供最高额为 3440 万美元的资金支持。剩余的 3280 万美元及其利息则需要由该镇的纳税人来承担。该议案的主要内容是:关闭 2 所小学(Wildwood 小学和 Fort River 小学),并将另 1 所小学(Crocker Farm 小学) 改建为学前班和 1 年级学生的学校。在关闭的 1 所小学的场地上(Wildwood 小学)新建一所可以容纳所有 2 年级至 6 年级学生的大型小学。

这是一个对该镇今后基础教育产生深刻影响的议案,也是一个花费不菲的议案。它一经提出,就引发了大量的讨论,支持和反对的观点针锋相对。为了测试这个议案的支持率,该镇将其列入了 2016 年 11 月 8 日总统选举日地方政府重大决策的全民公决目录,要求当地选民对因建校而面临的财产税率上涨表明态度,就此拉开了对这一事关全镇所有居民切身利益的决策过程的序幕。

记录显示,艾莫斯特全镇有登记选民 16569 人,2016 年 11 月 8 日参加总统选举投票的选民为 15095 人,投票率达到了 91%。对因建校需要提高财产税率超过 2.5% 的投票选民为 13494 人,投票率为 81.4%。其中赞成者 6825 人,反对者 6669 人,赞成票仅仅多出了 156 票,算是勉强通过。

按照艾莫斯特镇法律规定,这样重大的决策需要在当地召开的镇代表大会(Town Meeting)上获得三分之二以上代表的支持,才能最后决定。2016 年 11 月 14 日艾莫斯特镇召开了镇代表大会讨论这个议案,在经过 2 个多小时的激烈辩论后,投票表决的结果是:108 票赞成,106 票反对。赞成票没有达到三分之二的多数,议案没有通过。

这次在镇代表会议上表决的失败,没有动摇支持这个议案的人们的决心。他们反而进行了大量的宣传和动员工作,给每一位投反对票的镇代表打电话,发短信,登门拜访,反复做工作,说明实施这个议案对于该镇基础教育的好处,能够争取到州政府资助的不容易,并按照规定争取到了在镇代表会议上再次表决的机会。2017 年 1 月 30 日艾莫斯特镇代表再次召开会议,对这个议案又进行了长时间的激烈讨论。在会场外,来自三个小学的部分教师、家长和高年级学生组成的助威团也高举标语和呼喊口号进行声援。在这样的背景下,表决结果是:123 票赞成,92 票反对。尽管这次赞成票比上一次增加了 15 票,但仍旧没有达到三分之二的多数,议案仍旧没有通过。

至此,笔者当时认为支持这个议案的人大概会偃旗息鼓了。没想到,该镇法律还有规定,如果居民对镇代表会议的表决结果不满意,可以在 7 天之内收集 800 个登记选民的签名,要求对这个计划进行全民公决。公决通过的标准是:或者赞成者达到了全体登记选民的 18%,要有 2983 人以上投赞成票;或者赞成票达到了当天投票数的三分之二。该项计划的支持者再次动员起来,在短短 5 天时间里就收集到了 1000 个登记选民的签名,要求在全镇进行公决。公决最后定在 2017 年 3 月 28 日星期二举行,之前观点对立的双方在当地报纸、电视台、各种宣传上又较量了一番。我也非常关注这次投票的结果。3 月 29 日结果出来了。参加这次地方选举有 4900 人,投票率为 29.5%,其中赞成 2746 票,反对 2147 票。由于赞成票既没有达到全体登记选民的 18%,又没有达到当天投票的三分之二多数(反对票要低于 1375 票),所以这 5 个月来就这个议案的第 4 次表决,还是以失败告终了。

看来,这场关系艾莫斯特镇每位居民切身利益的重大决策的讨论,要告一段落了。但这场持续了 5 个月经过 4 次讨论表决的民主决策过程,还是留给我们很多思考。

首先,是信息的公开透明。持续 5 个月的讨论,使对立双方的观点都得到了充分的展示。支持议案的一方组织严密,行动果断,动员有方,妙招迭出。反对议案的一方虽然没有严密的组织,但是反对的理由也得到了充分的披露。笔者就在 Amherst Bulletin 这张地方报纸上看到了一位当了 30 年镇代表会议代表、Holyoke Community College 的退休数学老师 Felicity Callahan 女士反对这个议案的理由。她指出,麻省学校建设局虽然答应给予 Amherst 镇建校以 3440 万美元的支持,但这是最高额,很可能州政府不会给我们这么多钱;而且我们自己出资的 3280 万美元,不包括利息,如果包括利息,支出就会达到 5410 万美元,这比 3280 万美元高出了 65%。学校每平方英尺的造价达 441 美元,高于同样规模学校造价 50 美元。算下来镇每年需为每个小学生支出 9 万美元,而原来每个小学生 8 万美元已经很高了。就算学校建成了,一个在镇北部,一个在镇南部,每天两次上下学的校车旅行成本也比过去高。如果通过了这个议案,那么镇本来需要投资的其他项目,比如花费 1300 万新建消防站,花 3800 万更新公共工程设备,花 3600 万改造镇图书馆,就要无限期推迟。此外还有镇里的道路要修,人行便道要建,都没有钱了。现在艾莫斯特镇的财产税率已经是麻州西部 3 个县 69 个市镇的第二高,建新学校使得家有 30 万美元房产的业主每年要多交 400 美元的财产税,到 2015 年 1 月 1 日艾莫斯特镇已经有 95 个家庭拖欠财产税,很多家庭因为交不上财产税而破产,这样的税负使居民难以承受。这个退休女教师的反对意见有事实,有数据,很能说明问题。

其次,是给予双方充分的讨论和妥协空间。5 个月来,对于这个事关每位居民的重大决策,艾莫斯特镇的法律和制度给予讨论和表决的空间确实非常大。在这里,不存在一次表决就定论的制度。地方法律对于事关居民切身利益的议案,都要求有三分之二以上多数支持才能通过的规定。但就是你暂时达不到这个标准,也给予你充分的空间来阐发自己的理由,使信息得到充分的披露,在信息尽量均衡的基础上做出决策。这样的决策就会使失误降到最低的程度。

再次,是可以诉诸不同的对象,以最大限度地表达出居民自己的真实意见。现实政治运作中,由于设定的表决对象不同,参与表决的人群不同,会出现不同的结果。所以,政治是可以人为操纵的。但是,如果有多次不同群体参与的表决,多角度目标设定的表决,人为操纵的几率就会被大大压缩,从而体现出民众自己的真实意愿。艾莫斯特镇法律和制度就体现出了这种特点。尽管在 2016 年 11 月 8 日的公决中,提高财产税超过 2.5% 的议案勉强通过,但是紧接着 11 月 14 日的镇代表大会就直接对新建学校计划说了"不"字。在 2017 年 1 月 30 日召开第二次镇代表会议前的一个半月里,上一次投了反对票的 106 名代表,都遭到了支持这个议案的团体和个人狂轰滥炸式的游说,每个人每天都要接到数十个游说电话和几十封游说邮件,更有人不时上门游说。笔者认识的一位投了反对票的镇代表就向笔者诉苦,说每天接到无数这样的电话和邮件,烦不胜烦。这样做起了一点效果,第二次镇代表会议表决,支持方就多了 15 票,当然还有改投弃权票的,但仍没有改变失败的结果。这样的结果也鼓励支持者直接诉诸全体选民,在短短 5 天征集到 1000 个选民的签名支持后,这个议案交给了全镇每一个人来审视、表决。2017 年 3 月 28 日的表决虽然还是失败了,但是它给足了这个议案失败的理由,我认为支持者也可以坦然接受它了。

这样的故事每天都在美国各地发生。这就是美国的民主制度。它的根基在基层。不论联邦高层如何纷乱、党争,基层的民主制度依然故我。所以托克维尔说美国民主真正的核心就是它的市镇会议制度。

二、民主的真正生命力在基层

公开透明是最好的监督。如果没有做到公开透明,那就要加强审计监督,加强民众参与公共管理的力度。众所周知,最近这些年,西方国家普遍出现了比较严重的治理危机,典型如美国,由于民主、共和两党在联邦参众两院的剧烈党争,出现了严重的"否决政治"现象。尤其是奥巴马第二个任期的最后两年,由于民主党失去了参议院和众议院的多数地位,以至于奥巴马在美国国内的政策制定和执行上基本处于瘫痪状态。结果大家也看到了,2016 年的美国总统选举,"政治素人"特朗普异军突起,以反建制派的面目横扫"政治正确"和所有华盛顿老牌政客。

对此现象,一些美国政治学者称之为"美国民主制度的溃败",从美国联邦层面来看,这种说法也颇有根据。不过,我们也应看到,一个国家的政治运作,包括中央和地方(尤其是基层)两个层面。那么,在美国联邦层面出现严重的"否决政治"的同时,基层的治理情况却不是这样。

1. 联邦高层和基层要分开

在联邦政府层面,从奥巴马政府开始,这种否决政治现象就越演越烈。佛朗西斯·福山把这种现象称之为"否决政治",也就是为了否决而否决,就是要你做不成事,以显示你的无能。

一般来讲,如果美国国会里的参议员和众议员做出了违背本州选区选民的决策,是要承担后果的。比如,如果选区民众都认为大量非法移民是美国社会稳定的严重问题,要严加控制,而从这个选区走出来的国会参议员或者众议员却投票支持将非法移民合法化,那么在这些政客任职年限到了之后,都会被竞争者取代。

但是,这些年美国各州在意识形态上分化严重,东部和西部是自由化意识形态泛滥的地区,什么同性恋合法化、吸食大麻合法化、中性厕所等,花样翻新,层出不穷。在这些州民主党占据优势。中部广大地区则还保留着基督教福音派的传统,这是共和党的票仓。所以来自不同地区的国会参议员和众议员,在联邦层面决策时,会有截然不同的观点。

在这个时候,偏偏奥巴马政府提出了一系列容易引起不同观点对抗的议案,比如医疗保险改革法案,移民改革法案,同性恋法案,还有一系列的行政命令。特别是奥巴马政府提出每个学校都要设立中性厕所,为自认为自己是什么性别的学生上厕所提供方便,而不管其生理上是男性还是女性,不然联邦政府将要核减不配合的学校的联邦补助金。美国各州意识形态上的分化,加上奥巴马政府提出多项争议很大的决策议案,使得在联邦层面上"否决政治"盛行。

但是美国实行的"自治制度",在联邦、州、地方三级,互不隶属,各层级官员也都是选民投票选出,和上一级官员没有关系。这三层政府之间的联系主要是财政上的经济联系。也就是说,联邦对州和地方有财政转移支付制度,在全国有联邦宪法,除此之外,联邦政府对州和地方政府没有颐指气使的权力。由于各州大都有占据主导地位的意识形态,所以那种在联邦层面才能见到的"否决政治",在州和地方就很少见了。

美国也有七八个战场州,就是在这些州里,民主和共和两党实力相当,州长也是民主、共和两党轮流执政,大选投票也时而民主党胜,时而共和党胜,即便如此,这些战场州也很少出现像联邦层面那种"否决政治"现象,主要原因是州一级决策的都不是像联邦层面那么大的问题,对于争论激烈的决策,大都采取了回避的态度。地方政府就更没有这样的问题了。

通过观察可以看出,我们在判断西方民主制度的问题的时候,也要区分开联邦层面和"基层",也就是说,不仅要看高层政治,也要看社会基本面的治理情况。美国民主体制的基础在基层。也就是说,这个基础在地方层面,既不在联邦一级,也不在州一级。回顾美国的历史,我们可以看到,美国最早出现的是地方政府,然后才有州政府,联邦政府出现得最晚。近400年前,欧洲移民远渡大西洋到达北美大陆后,虽然有欧洲皇室的委任状,圈占了现在被称为州的土地,但是那时候真正对这些土地和人口行使管理权的,是市政会议(Town Meeting)制度。这种古老的民主制度,至今仍旧在美国的地方治理上起着重要的作用,而且是美国新英格兰地区地方治理的主要制度。

关于这个制度,笔者在十多年前出版的《美国地方政府治理:案例调查与制度研究》一书中结合具体案例做过详细的论述。美国地方治理中的市政会议制度虽然也历经变化,比如有了代表制的市政会议制度,很多市镇因为人口增加,将之改变为议会制等等,但是市政会议的民主精神没有丧失,这才是美国民主制度的精髓。客观而言,这种制度至今在美国运作良好,深得美国人民的喜爱和支持。

之所以这么说,不仅因为市政会议是美国原创的民主制度,而且它会通过选举来改变州一级和联邦一级的政治生态。良好的基层民主制度不会允许州和联邦一级政府长期处于"否决政治"的状态,对于那些不称职的政客,基层民主制度会运用它对高一级政治制度的影响力,改变它,使政治资源能够得到合理的配置。

2. 制度是由人来执行的

180 多年前,法国著名学者托克维尔也在《论美国的民主》一书中指出了美国民主制度真正的基础就在它的市政会议制度。我们看美国的市镇时也有个感受,就是大学、大企业总部等经常是在小镇上。

目前,美国地方政府的主要组织形式有两种:一种是市政会议制度,另一种是议会制。市政会议制度产生于 17 世纪上半叶,目前主要有两种形式:开放式的市政会议制度;代表制的市政会议制度。前者意味着当地所有居民都有权参加决策;后者是通过居民选出代表来参加决策。议会制则是通过划分的选区选出议员来代表选区的选民参与决策。这样,我们可以看出,开放式市政会议制度、代表制市政会议制度、议会制度,是沿着一条参与决策的人数越来越少的路线走下去的,相反则是代表的选民人数越来越多。

之所以会出现这种变化,主要是因为地方政府辖区的人口越来越多,需要处理的事务也越来越复杂,居民对决策的效率的要求也越来越高的缘故。

以笔者深入考察过的马萨诸塞州西部大学城艾莫斯特为例。它从 1759 年建镇直到 1930 年的 170 多年里,由于人口少,经济规模小,一直沿用"开放的市政会议"的管理模式。到 1930 年末,该镇的人口达到了 6000 人,年预算为 57.4 万美元,所以在 1938 年,他们将"开放的市政会议"(Open Town Meeting),改为"代表制的市政会议"(Representative Town Meeting)。

到 1950 年代中期,艾莫斯特常住人口达到了 8000 人,麻省州立大学的注册学生也达到了 4000 人,1955 年预算达到了 120 万美元,适应这种变化,该镇聘任了一个专职的镇经理,他像职业经理那样负责镇政府的日常工作和镇财政的日常运作。2002 年,艾莫斯特的人口已有 35000 人,2003 年财政预算已达 5600 多万美元。当地政府和选民就酝酿将"代表制的市政会议"变更为效率更高的"议会制"(City Council)。为此,艾莫斯特镇从 2003 年开始到 2016 年的 13 年里,对这一改革先后进行了四次全民公决,前三次都功亏一篑,最后在 2016 年 11 月的投票中通过了改制议案,该议案还要经过 2 年的进一步研究和筹备,"议会制"才能够最后在该镇实现。

尽管美国有基层的民主制度,但是不能说美国基层就没有问题了。比如腐败,决策拖拉,议而不决,官僚主义等。但是实事求是地说,美国地方治理过程中的腐败是极少的,也就是说,美国基层的民主制度把腐败压缩到了很低的程度。美国两位学者布鲁斯·布鲁诺·德·梅斯奎塔、阿拉斯泰尔·史密斯在《独裁者手册》(The Dictator's Handbook: Why Bad Behavior is Almost Always Good Politics)一书中就写到过一个案例,讲的是美国一个市镇上少数官员如何通过操纵选举来为自己谋取私利的行为。类似《独裁者手册》一书中描述的案例说明,制度是由人来执行的,如果人为的控制了有关决策过程,是会出现书中所描述的现象的。

例如我曾经居住过的马萨诸塞州艾莫斯特镇 Brook 小区,2006 年 4 月份经过激烈的竞争,选举产生了全新的业主委员会,也就是说,上一届业主委员会全部落选,上任的全是新人。对这一批新人,小区居民寄予了很大的期望,3 年过去了,到 2009 年底审计发现,业委会主任和一个管钱的委员,没有经过业主同意,自己给自己每年免除了数个月的物业费。得知这个消息后,业主们愤怒了,这是腐败和暗箱操作,很快在换届选举中,这两个业委会委员被换掉了。其中一人还搬了家,没有脸再住在这里。

这样的案例虽然是极少数,但还是存在的,说明美国基层腐败少,并不是美国人品有多么高尚,而是基层的民主监督很严,搞腐败的人不仅容易被查出来,而且要付出极高的代价。

再比如,就我了解,美国地方政府官员的薪金是要完全公开的,每年地方政府的财政预算案里都有地方政府官员的薪金收入表,每个居民都可以通过网络查到相关信息。地方法律(Bylaw)修改的讨论过程也是公开的,地方电视台、报纸和记者会替当地居民全程关注这个过程,每个地方政府辖区里都有热心公共事务的居民,他们被居民称作"邻里政治家",这些人积极参与地方政府的各种活动,参加与地方政府各个部门相对应的"理事会"和"咨询委员会",由居民志愿者组成的"理事会"和"咨询委员会",他们既能监督政府的运作,也为政府决策提供参考意见。

3. 公开透明是最好的监督

美国实行的是分税制。最大的税种是个人所得税,主要归联邦政府所有。消费税主要归州政府所有。财产税归地方政府所有。美国市镇的财源主要来自三个方面:第一是财产税,也就是说,所有居住在一个地方政府辖区内的居民的住房、汽车、游艇等财产,每年都要纳税。税率由地方政府决定,一般在千分之一至千分之三之间。这是地方政府的主要收入来源,一般要占地方政府总收入的50%至60%。其次是州政府的一般转移支付。这部分的资金近年来随着州政府收入的下降,也在降低。一般占地方政府总收入的20%至35%之间。第三是联邦政府的转移支付,这部分资金主要是给学校管理区的,大约占地方政府总收入的5%至15%。美国地方政府的财政预算分为两类:每年的基本预算;五年的资本预算。前者是政府每年的运转费;后者是地方政府的基础设施建设费。美国地方财政基本上是"吃饭财政",即除去工作人员的工资、福利和运转费外,基本上没有闲钱去搞基本建设了。地方政府资本预算的资金来源有三个:从资本市场筹资;向州政府申请专项转移支付;大众或富豪捐款。

每年市政会议有两个会期:4月的常规会期;年底的特别会期。常规会期主要讨论预算安排和地方法规修改,时间一个月至一个半月,每星期开会2至3次,晚上开会,每次2至3个小时。预算讨论很仔细,逐个项目进行表决,尤其是预算要减少时,各部门博弈十分激烈。特别会期是讨论一些临时出现的问题,时间较短,一般只有2至3次会议。

美国地方政府的市政会议制度和议会制度在公开透明方面做得不错。开放的市政会议就不要说了,居民自由参加。我参加过一个人口有6000多的Hadley镇的开放式市政会议,每次参加者都在200人以上,重要问题讨论参加者多达300多人。代表制的市政会议一般有240名代表,参加会议的人数一般在200人左右。议会制视地方政府人口多少设置7、11、13等不同人数的议员,讨论公共事务时都有电视直播,地方报纸报道,记者参加等。像官员工资这种非常敏感的问题,更是每个居民都关心的话题,也是地方报纸报道的重点,要想瞒天过海不让别人知道,是很难的,在我实地调查过的 20 多个分布在美国东西南北的地方政府中,没有见到过。

美国地方选举也要筹款、拉票、搞宣传,甚至有电视辩论。但地方选举的投票率很低,我见过艾莫斯特镇最低的地方选举投票率是 7%。但是,地方选举是选出地方官员,他们的待遇还需要经过市政会议或者议会讨论通过才能够执行。所以,居民往往不重视地方选举,反而对于市政会议和议会会议比较重视,尤其对讨论与居民切身利益有密切关系的重大决策非常关心。比如,艾莫斯特镇关于 3 个小学的撤并投资 6636.90 万美元的项目,由于牵涉到居民切身利益,所以讨论激烈,历时 5 个月,投票 4 次。

就笔者的观察,防止地方治理过程中出现腐败的最重要的手段,就是公开透明。公开透明是最好的监督。如果没有做到公开透明,那就要加强审计监督,加强民众参与公共管理的力度。美国地方政府有个很好的制度设计,就是建立了一套与地方政府各部门对应的,完全由居民自愿参加的"理事会"和"咨询会"制度。而且赋予这些民众一定的权力,来决定一部分地方政府财政资金的使用。比如,地方政府有"财政委员会",民众就对应的有"财政咨询委员会";政府有"规划委员会",民众就有"规划理事会"。这些组织可以有效地监督政府的运作,也可以向政府提出自己的建议。

在这样的制度设计下,要想绕过监督来实现少数人的暗箱操作,是非常困难的。所以,不论联邦高层如何纷乱、党争,基层的民主制度的运转并没有出现大的问题。所以托克维尔说,美国民主真正的核心就是它的市镇会议制度。

附录：对墨西哥、美国大选和
社会转型的观察

一、墨西哥革命制度党重回执政地位说明了什么？

　　"民主还是专制"与"良政还是劣政"是人们讨论政府治理时经常碰到的问题。所以将这两对概念并列提出，是因为专制体制一般来说是与劣政联系在一起的。但是，在笔者对墨西哥体制转轨和社会转型进行深入调查之后，感到简单地在民主与良政、专制与劣政之间画等号，对于深入探讨体制转轨和社会转型并无助益。至少在墨西哥，"民主还是专制"与"良政还是劣政"同样重要，因为墨西哥在 2000 年实现政党轮替后，民主有了进展，并没有实现良政。国家行动党的 12 年执政经历证明，它不是合格的执政党。其劣政所带来的成本，是墨西哥人民付出的沉重代价。墨西哥转轨实践告诉我们，政党轮替制度对于像墨西哥这样的发展中国家，似乎还是一种政治上的奢侈品。墨西哥还需要不断创造使这一制度产生积极效果的各种条件。在现阶段，墨西哥似乎更需要的是某种"良政"，因为良政才能够解决目前墨西哥社会面临的各种棘手难题。

　　泛滥的毒品暴力、无法遏制的腐败、巨大的贫富差距、经济发展乏力、失业严重、社会上弥漫着对政党和政治家的不信任，使墨西哥整个国家在世界上面临着被边缘化的危机。2012 年，墨西哥

总统大选就是在这样的一种氛围下拉开了帷幕。2012 年 6 月 23
日至 27 日,笔者第四次来到墨西哥城,实地考察了这次大选。这
次选举所反映出的墨西哥国家体制转轨和社会转型的经验和教
训,从一个侧面折射出实行"政党轮替"制度的某些特点,值得
关注。

1.选民对通过"政党轮替"上台的执政党投了反对票

自 2000 年开始,墨西哥首次实现了执政党的轮替。自此,右
翼的国家行动党(PAN)执政了 12 年。但这 12 年被很多墨西哥
民众形容为国家逐渐走下坡路的 12 年。

在这 12 年里,毒品犯罪集团逐渐羽翼丰满,在北部很多省份
和城市,他们已经控制了政治、经济、文化等各个方面,当地政府
只有和他们合作才有可能生存和运作下去。而一旦联邦政府派
军队进入,各种杀戮行为就此起彼伏,每日刺激着国民的神经。

在这 12 年里,原来民众给予很大期望的执政党和在野党相
互监督,可以遏制腐败的愿景,已经落空。腐败现象在这 12 年里
不仅依然大量存在,而且泛滥成灾。据"墨西哥透明社会"统计,
仅 2007 年墨西哥就发生了 1.97 亿次腐败行为。在 2007 年有
41.5% 的人认为,墨西哥的腐败更加严重了。相反,只有 14.1%
的人认为腐败比过去少了。2010 年,墨西哥的许多报刊认为,至
少有 20% 的议员卷入了腐败案。现在,墨西哥民众对于各种腐
败已经习以为常,麻木不仁了。在这次大选中,很多墨西哥民众
宁愿选择腐败但有做事情能力的政治家,不愿意选择腐败而又无
能的政客。因为现在有比腐败问题更加严重的毒品暴力犯罪。

在这 12 年里,多次公开宣布向贫困宣战的国家行动党食言
了。现在墨西哥有近 50% 的人生活在贫困线以下,贫富差距巨
大,许多贫困的年轻人在找不到机会的情况下,不惜铤而走险从

事贩毒、加入黑社会进行抢劫等犯罪活动,使墨西哥的社会治安每况愈下,人人担心自己的人身安全。2012 年 6 月 25 日,墨西哥学院的伊兰·比兹贝格教授告诉我,在墨西哥约有 50% 的人只有临时性工作,收入很不稳定。6 月 26 日,经济学博士依瑞娜·阿尔伯诺女士向我提供的数据显示,现在墨西哥贫困人口占总人口的 33%,最贫困者占总人口的 10%。我国驻墨使馆的同志告诉我,墨西哥城的有钱人非常担心自己和家人的安全,孩子上学甚至要动用直升机来接送。按照人均 GDP 计算,墨西哥比我国高出不少。但是,墨西哥至今没有普遍的失业救济金制度和养老保险制度。如果一个人在墨西哥没有正式工作,就不可能从政府那里领到任何东西。也就是说,穷人在墨西哥是没有任何保障的。

在这 12 年里,墨西哥经济发展速度呈下降趋势。2008 年以来,更是低到平均年增长率只有不到 2%,2009 年甚至是负 6%。由于收入差距悬殊,墨西哥在拉美虽然是人口大国,但是国内市场却很小,是依赖美国的出口型国家。美国自 2007 年陷入“次贷危机”以来,至今仍没有看到走出经济危机谷底的前景。受此影响,主要向美国出口汽车、电冰箱、洗衣机等产品的墨西哥就很难看到走出困境的前景。笔者在墨西哥见到的学者,都认为墨西哥 2013 年的经济前景不乐观。2011 年墨西哥经济增长率是 2.2%,2012 年能够到达 3.5%,预计 2013 年可以达到 4%。这样的经济增长对于墨西哥来说,还是太慢了,因为它能拉动的就业十分有限。况且要实现这样的经济增长速度,还要看美国的眼色。

在这 12 年里,原本民众从政党轮替中激发出来的对政治家的期待,已经逐渐变成了对政治家的失望和无奈。在民众眼里,这些轮替上去的政治家,好像个个都是暴发户,他们把竞选当上总统视为目的,而对于当上总统后如何施政却十分生疏。于是,他们所能够施展的仍旧是他们竞选中的把戏——作秀。多党轮流执政的一个规律就是相互制约。但是这种制约在墨西哥的很多场合中，变成了互不配合、相互拆台、相互攻击、无所作为或者等着看别人笑话的表演。国家行动党本来行政管理能力和执行能力就很弱，一个弱势政府加上能力有限，别人再拆台，他就是想有所作为，也勉为其难。这种政治家中间的游戏，导致的结果就是老百姓遭罪。也由此产生出对于政治家的失望和不信任。

在这 12 年里，同是拉美大国，墨西哥已经无法与"金砖五国"之一的巴西相比了。1994 年，墨西哥与美国、加拿大签订了《北美自由贸易协议》，由此，墨西哥经济发展进入了快车道。到 2007年，墨西哥的 GDP 比 1995 年几乎翻了一番，达到 8000 亿美元，经济总量超过巴西成为拉美国家第一。但是这种出口导向性的经济是不可持续的。2007 年开始的世界经济危机在重创了墨西哥经济的同时，也迫使其要开始寻找其他解决办法，开拓国内市场就是出路之一。但是墨西哥严重的收入分配差距，使得它在解决这个问题方面步履艰难。因为国家行动党本身对既得利益集团就投鼠忌器。其所代表的右翼资本集团也不允许他在这方面走得太远。无所作为的结果就是经济的下滑，国力萎缩，整个国家在世界上的地位在下降，并逐渐被边缘化。

2012 年 7 月 1 日，墨西哥 4923 万选民参加了投票，占选民总数的 62%，创造了投票率的新高。7 月 6 日，墨西哥联邦选举委员会公布最终选举结果，革命制度党总统候选人培尼亚·涅托得票38.21% 居于首位；左翼的民主革命党候选人洛佩斯·奥夫拉多尔得票率为 31.59%；执政党右翼的国家行动党候选人何塞菲娜·巴斯克斯·莫塔得票率只有 25.41%。选民用手中的选票，对通过政党轮替上台的国家行动党投了反对票。

2. 是矮子中间拔将军吗?

国家行动党由于 12 年执政的劣迹,已经被选民钉在了耻辱柱上。据了解,本次墨西哥大选,不光要选举新总统,还要改选 7 个州的州长、全部 500 名众议员和 128 名参议员。尽管执政党总统候选人莫塔拿出的竞选口号是"改变",也力图与该党过去的执政劣迹划清界限,但是墨西哥选民已经不会再上当了。据预测,国家行动党在此次大选中,将要为他们过去 12 年欠墨西哥民众的债付出沉重的代价:他们将失去仅有的 6 个州的州长职位;失去议会中的大量席位;失去大量人才,他们党内的很多人已经改换门庭,另投他党了。依瑞娜博士认为,国家行动党要想再复苏,会有很长的路要走,短期内很难看到希望。

笔者愿意相信,国家行动党并不是故意要这样做的。他们也努力了,但是结果就是这样残酷。那么,是什么原因使他们落到了如此下场的呢?

首先,国家行动党的执政基础十分薄弱。在墨西哥,国家行动党是个右翼政党。该党被认为是墨西哥中产阶级以上的有钱人利益的代表。在墨西哥这样一个贫富悬殊巨大、贫困人口几乎占据总人口 44% 的社会,该党的执政基础本来就存在先天缺陷。2000 年,国家行动党上台执政,靠的是民众对革命制度党长期执政弊病的不满,以及革命制度党党内改革和保守派相互争斗发生的党内分裂。即所谓"鹬蚌相争,渔翁得利"。2006 年,革命制度党尚未从失去执政地位的巨大打击下缓过劲来,党内民主的改革和转型也未完成,并不具有击败执政党、重掌执政地位的实力。而左翼的民主革命党在这一年以 0.58% 的极微弱劣势败选,就已经给执政党一个明显的信号:民众对该党的执政效果不满意。可惜的是,国家行动党由于自身利益和其所代表的社会阶层,没有也无能力对人民的要求做出积极的回应。例如,国家行动党积极动用联邦军队来打击贩毒集团,却对造成墨西哥大量毒品泛滥的贫富悬殊、腐败、垄断、经济发展和结构调整行动迟缓,或无作为。这种治标不治本的举措,所带来的不仅是对贩毒集团的打击无法奏效,而且还使得整个社会的治安状况动荡不安,严重影响到墨西哥人民的生活安全感。

其次,国家行动党执政期间能够有作为的空间十分有限,是一个典型的弱势政府。墨西哥实行的是联邦体制,各州有相对独立的自治权。宪法给予执政党在联邦层面的权力很有限,如果各州的州长为非执政党所掌握,那么,除非联邦的政策举措有利于各州的利益,否则各州完全可以对联邦的政策置之不理。国家行动党刚上台时,挟着人民对革命制度党长期执政的不满,一时占据了议会参众两院的多数,也在墨西哥 32 个联邦单位的选举中,一举拿下了 8 个州的州长。但是,随着时间的推移,人们对其执政效果的不满也日益扩大。2009 年 7 月 5 日举行的中期选举,已经显示出人民对执政党的不信任。在那次选举中,在野的革命制度党以 36.94% 的得票率,以领先将近 10 个百分点的巨大优势,将执政的国家行动党远远抛在后面。后者在此次中期议会选举中只获得了 27.98% 的选票。在墨西哥众议院 500 个席位中,革命制度党从原来的 106 席迅速增加到 237 席,一跃成为议会第一大党。而国家行动党则在这次“期中考试”后,议席由原来的 206个下降至 143 个。同时举行的墨西哥 6 个州的州长职位竞选中,革命制度党也在 5 个州取得了胜利。这样,革命制度党在墨西哥31 个州外加首都墨西哥城共计 32 个联邦单位中,已经取得了 19个州的执政地位,占据了将近 2/3。而执政的国家行动党只掌握了 6 个州的州长职位。不仅如此,代表富裕阶层利益的执政党在缩小贫富差距方面投鼠忌器,更遑论去消除垄断。墨西哥的卡洛斯·斯利姆·埃卢是世界首富,2007 年其财富就高达 678 亿美元,与各政党高层的关系密切,经常向执政党提供巨额捐赠。他甚至被墨西哥人视为一个"将帝国建立在与墨西哥总统和其他政客牢靠关系之上的贪婪的垄断者"。但墨西哥也有 44% 的人口生活在贫困之中,其中 10% 为赤贫。这样巨大的贫富差距,不仅使墨西哥的左翼思潮生长发育有了肥沃的土壤,甚至生发出一些激进思潮和行为,而且使贩毒集团和美墨边界偷渡越演越烈。在各种挤压下,国家行动党的执政空间被严重压缩,其能够作为的舞台也就十分有限,执政效果不佳就是顺理成章的事了。

再次,缺乏草根性的基层组织,使执政党像水面上的浮莲,经不起风浪。国家行动党是个社会精英性的政党。其组织自上而下形成,越到基层,组织的力量就越弱。2007 年以前,墨西哥凭借着与美国和加拿大签署的北美自由贸易协定,经济发展一度较为顺利,2007 年曾一跃成为拉美最大的经济实体。墨西哥北部与美国接壤的几个州的经济发展也较为迅速。在这样的情况下,执政党自上而下的组织体系似乎也还运转顺利。但是随着美国次贷危机的爆发,从 2008 年开始,墨西哥经历了严重的经济衰退,2009 年经济增长更是创下了负 6% 的劣迹。当风浪来袭时,国家行动党基层组织薄弱的弱点,暴露无遗。基层组织的缺乏不仅使执政党失去了与普通民众联系的桥梁,使本来就代表富有阶层的执政党更加脱离群众,而且就是对于那些在危机中财富缩水的中产阶级,基层组织的缺乏也造成了他们之间的疏离,进而将这部分选民推向了反对党的阵营。基层组织的薄弱还严重影响了执政党反危机措施的实施效果。基础不牢,地动山摇。精英型政党在经济危机中败北,基层组织薄弱是主要原因之一。

那么,革命制度党这次重新上台执政,真的是洗心革面、重新做人了吗? 调查中,笔者发现,革命制度党近些年来确实出现了一些重大变化。其表现主要体现在以下几个方面。

首先,严格执行党内民主选举制度。革命制度党把自己定性为一个社会党性质的群众性中左翼政党,通过竞选联邦、州、地方政府行政职位和议会参与政治。因此,选举对于革命制度党来说,是最重要的事情。这不仅指 6 年一次的总统选举,也包括每年都有的州和地方选举。2000 年,虽然革命制度党在总统竞选中失去了执政地位,但是在 32 个联邦实体中,还是在多数州掌握着执政权。到 2009 年,革命制度党已经掌握了 19 个州的执政地位,也是参众两院的第一大党,对于在 2012 年重新夺回执政地位,充满期待。所以,我们可以在该党的《章程》中看到大量关于选举的规定。对于选举,《章程》的规定是"全面、秘密、个人独立、自由、直接和不可转让"。这种规定和革命制度党历史的表现已经是大相径庭。选举民主在革命制度党内已经成为一种风气和习惯,上至党的主席和总书记,下至党支部的领导,都必须在全面、秘密、个人独立、自由、直接和不可转让的基础上,接受普通党员的评判。该党自 2000 年转型以来,在这方面是最大的进步。

其次,加强组织建设,广泛代表民众利益。革命制度党党内部的农民部、工人部、人民部的职团组织,是其组织的基础。从党章中可以看到,党中央的全国政治理事会的构成,充分反映了该党的广泛代表性。从青年到妇女,从残疾人到老年人,从政党的行政高官到边远民族地区运动的代表,全国所有的族群、人群,不同年龄的市民,都可以在革命制度党内找到自己的代言人。革命制度党这样做,就是要尽可能地团结更多的普通民众在党的周围,为他们办事,替他们说话,为他们代言,最后赢得他们的信任,得到他们的选票,争取在 2012 年重新掌握执政权。这说明,一个政党要想赢得执政地位,真心实意地为民众服务,替民众代言,提高民众的福利,才是他们取信于民、立于不败之地的根本。墨西哥革命制度党是经过了丧失执政地位的惨痛教训后,才真正意识到的。

再次,与过去革命制度党的错误彻底划清界限。1966 年出生现年 46 岁的原墨西哥州州长恩瑞克·培尼亚·捏托年轻帅气、头脑清晰、朝气蓬勃。早在 2010 年,他就作为革命制度党内年轻一代的杰出政治家,被墨西哥舆论界喻为 2012 年总统的最有力竞争者。尽管受大环境局限,他领导下的墨西哥州并没有显示出高人一筹的实力,但是他始终强调以建设稳定、包容、改变、守法、自由、民主、透明的墨西哥为目标,还是获得了多数墨西哥人民的拥护。在竞选中,培尼亚·捏托不断向选民指出,今天的革命制度党已经不是过去的那个党,而是洗心革面,重新做人的新革命制度党。这个党要与过去的错误彻底划清界限。要在人民最不满意的反腐败、实行民主执政方面有彻底的改变。为此,捏托提出了自己的政策主张,这些主张务实、全面、有可行性。同时在竞选中,面对对手的攻击,为了实现全社会的包容和稳定,捏托的反击是克制的、有限的和缓和的,显示出他作为新一代政治家的宽容气魄。

革命制度党从总统指定自己的候选人,拥有宪法权利和超宪法权力合二为一的"六年绝对专制君主"体制,党内严重腐败和争权夺利的残酷斗争,转变为在党内全面实行民主制度,充分尊重党员的民主权利,公开透明,竞争选举,重新与人民打成一片,再次为民众代言,从而赢得人民的拥护,是通过失去执政地位 12 年的惨痛教训得出来的经验。这些经验,现在都已经写入了党的《章程》,成为革命制度党的工作指南。革命制度党的经验说明,任何体制转轨和社会转型都是充满风险的,有时候是要冒失去执政地位的巨大风险。但是,一个政党是否真正有力量,不仅要看他在执政时的胆略、政治勇气和执政技巧,而且要看他面临巨大

失败时能否克服自身的缺点,重新站立起来。墨西哥革命制度党
2000 年失去执政地位时,是遇到了巨大的失败,但是他们没有气
馁,没有趴下,而是认真总结经验教训,不仅真正在党内实现民主
化、公开化、大众化,而且真正在为民众服务和奉献。经过多年不
懈的努力,到 2012 年 7 月 1 日的选举,革命制度党不仅赢得了总
统选举的胜利,还获得了众议院 500 议席中的 240 个,参议院 128
个议席中的 61 个,分别在参众两院获得了多数党的地位。由此,
革命制度党又重新在墨西哥获得了总统、参众两院的统治地位,
迎来了民众的拥护。

3. 墨西哥还在为民主实践付学费

这次在墨西哥城 4 天,看着 6 年来毫无变化且显得日益破旧
的街道和市容,地铁里疲惫的打工者、乞讨者和叫卖者,街道上行
色匆匆为生计忙碌的白领,笔者除了能够从街边的电线杆上悬挂
的竞选广告上看出还有四五天就要投票选举总统之外,好像人们
的生活都与选举无关,选举是政治家的游戏,无论谁上台,老百姓
都不可能从中得到什么实惠。

6 月 25 日,笔者终于在宪法广场和独立纪念碑看到了民主革
命党(PRD)的一次竞选造势活动。但是相比 6 年前 30 万民主革
命党的支持者齐聚宪法广场的宏大场面,现在的造势活动只有 1
万多人参加,声势也小了很多。

笔者就政党轮替问题询问了几个墨西哥学者的看法。经过
了 12 年的政党轮替实践,他们似乎也冷静了许多。普遍认为,简
单的政党轮替并不能解决墨西哥现存的问题。选举一个没有执
政能力的政党上台,其成本还是要老百姓来承担。所以,重要的
不是政党轮替,而是要选择一个真正为民众服务,又有能力的政
党去实现人民意愿。这使笔者想起的一位学者在讨论"民主还是

专制"与"良政还是劣政"问题时的一个观点。在瑞士日内瓦外交与国际关系学院教授张维为看来,一个政治体制的品质,包括其合法性来源,不能只是程序的正确,而更重要的是内容的正确,这个内容就是要实现良好的政治治理,并要以人民的满意度来检验。如果"民主"指的只是西方所界定的"多党竞选制度"的话,"良政还是劣政"远比"民主还是专制"更重要。因为不管采用什么制度,都要落实到良政,落实到中国人讲的"以人为本""励精图治"上才行。事实上,人们之所以认为"民主还是专制"问题很重要,是因为专制体制一般来说是与劣政联系在一起的。但是,在笔者对墨西哥体制转轨和社会转型进行深入调查之后,则感到简单地在民主与良政、专制与劣政之间画等号,对于深入探讨体制转轨和社会转型并无助益。至少在墨西哥,"民主还是专制"与"良政还是劣政"同样重要,因为墨西哥在2000年实现政党轮替,民主有了进展的同时,并没有实现良政。国家行动党的12年执政经历证明,这个党不是合格的执政党。其劣政所带来的成本,是墨西哥人民付出的沉重代价。墨西哥转轨实践告诉我们,政党轮替制度对于像墨西哥这样的发展中国家,似乎还是一种政治上的奢侈品。墨西哥还需要不断创造使这一制度产生积极效果的各种条件。而在现阶段,墨西哥似乎更需要的是某种"良政",因为良政才能够解决目前墨西哥社会面临的各种棘手难题。

选举是现代民主政治的主要特征。革命制度党在2000年之前长期执政时,一个广受诟病的劣迹就是贿选。尤其在20世纪90年代,面对国家行动党和民主革命党的竞争,革命制度党的贿选一度达到了无所不用其极的地步。这也是他2000年失去执政地位的原因之一。在2012年的总统选举中,虽然革命制度党总统候选人培尼亚·捏托在选举前的各种民调中领先其他政党候选人近10个百分点,但是选举后不论是国家行动党候选人巴斯

克斯·莫塔，还是民主革命党候选人洛佩斯·奥夫拉多尔，都指
责革命制度党有贿选行为。奥夫拉多尔在 7 月 6 日举行的新闻
发布会上，声称革命制度党花费"数以十亿计比索"购买 180 万张
礼品卡奖励投票给他们的选民。他在一堆礼品卡前说，一些选民
接受革命制度党的礼品卡后很后悔，便把礼品卡交到左翼联盟成
员手中。墨西哥学院的伊兰教授在给笔者的电子邮件中也认为，
革命制度党在这次选举中花钱从穷人那里购买了大量选票。实
际上，这并不是墨西哥独有的现象。世界上所有发展中国家的全
国性竞争性选举中，都大量存在这种现象。这其实反映了一条社
会发展规律：政治体制演进要与社会发展程度相适应。

　　在历史上墨西哥作为西班牙的殖民地近 300 年。宗主国西
班牙的一套集权统治政治制度完整地移植到了墨西哥，并在这里
产生出比宗主国更加专制的结果。所以，我们在墨西哥历史上经
常见到的，不是各种社会力量的均衡，而是一权独大。这种制度
遗产所产生的路径依赖，即使在墨西哥 1821 年独立后和 1917 年
新宪法颁布后，仍旧改变甚微。墨西哥的政党、政治家、社会组
织、知识分子、老百姓都默认了这个现实。这种政治制度成了墨
西哥重要政治思想遗产，渗透到了人民的血液中，直到这种不受
监督的权力后来成为经济和社会进步的桎梏。很明显，在一个集
权专制主义传统深厚的社会，任何外来的进步政治制度都会产生
扭曲和变形，其社会结果也是扭曲和变形的。

　　长期以来，墨西哥社会各种集团和势力，如教会、家族、宗族、
工会等各据一方，都有自己的势力范围。很多贩毒集团和黑社会
组织也有自己的势力范围。无权无势、贫困潦倒的基层民众，只
能依附在这些社会势力身上，在他们的庇荫下，保证自己的生活
和安全。这种局面至今在墨西哥大城市以外的广大农村地区和
中小城镇还很普遍。在这种情形下，要使民众独立表达自己的意

愿,行使自己的权利,是非常困难的。在这样的社会发展基础上,尽管多党竞选增加了政治和社会的透明度和形式上的权力制衡,但是由于墨西哥社会发展程度相对落后,并不能使这种政治制度起到它在其他国家同样的作用。这说明,任何制度要能够发挥作用,都是有条件的。离开了一定的条件,或者条件不具备,都会对制度本身产生不同程度的制约作用。这至少说明,在墨西哥,社会发展程度制约了政治制度实际所能起到的作用。

有趣的是,墨西哥革命制度党在 2012 年重新上台执政,正好是国家行动党执政两届(6 年一届)后的又一次政党轮替。革命制度党在失去执政地位 12 年后重新上台,想必会吸取自己 12 年前失去执政地位的教训,把握住墨西哥经济发展和社会进步的脉搏和规律,将墨西哥社会推向前进。对此,墨西哥学院的雷纳多博士和伊兰教授表示,对墨西哥来说,实行多党轮替是一种进步,它促进了信息的公开、透明,尤其在选举时更是如此。但是,要是指望这种制度来解决贫富差距、腐败、贩毒、社会治安、失业、经济发展这样的问题,是不可能的。因为这是良政所要解决的问题。目前墨西哥真正实现政党轮替只有 12 年,这对于一个处于转轨的体制来说,还是太短了。在墨西哥这样一个专制主义传统浓厚、宗法势力无所不在的国家,要实现向民主制度的过渡,起码还需要几代人的持续努力才行。这样看来,墨西哥要真正实现国家民主化还有很长的路要走。

二、美国的四年总结和人民的重新选择

2012 年 11 月 6 日的美国总统大选,是当年多个重量级国家领导人换届选举的重头戏。之所以如此,不仅因为美国在当今世界政治、经济和军事上所占有的分量,而在于美国目前确实面临

着重大的抉择:美国是否走在一条正确的轨道上? 对此,美国人民需要给出自己的回答。笔者亲临现场,感触良多。

1. 这是一次政治市场上对资源的重新分配

四年一次的美国总统大选,犹如一次全民参与的国家总结。过去四年里总统及其团队干得如何,今后是继续让他们干下去,还是另选他人,都将在 2012 年 11 月 6 日之后见分晓。在长达一年多的竞选期间,执政党和反对党、各种利益团体、基金会和智库、新闻媒体等都会从各自的角度来衡量过去 4 年里执政团队和总统的表现,也会听两党竞选人对今后 4 年的政策主张,来决定自己支持谁,反对谁。这个过程公开透明,候选人在这个过程中的一点失误,都会招致支持率下降,进而威胁到自己入主白宫。

这还是一次关于美国国家前途的全国性大讨论,四年进行一次。它将淘汰掉将美国引入歧途的政客,挑选出相对优秀的政治家。这个淘汰过程是一次政治市场对资源的重新分配。任何一个社会都需要有这样的机制,它能够适时地修正国家前进的方向,以保证一个国家能够行驶在正确的轨道上。

2012 年,美国面对的确实是非常严峻的经济和社会形势:失业率高达 7.9% ;占全国人口 1/7 的 4600 万人靠领食品卷生活;经济增长率从 2010 年的 3.1% 降至 2012 年的 2% ;国家债务高达 15 万亿美元,超过美国 GDP 总额;2012 年联邦政府财政赤字高达 1.089 万亿美元,连续 4 年超过了万亿美元,占当年 GDP 的 7% ;经济已经连续 6 年处于衰退状态,至今仍看不到出头之日;社会不满情绪日益高涨,既有社会底层风起云涌的左翼"占领运动",也有极右翼的"茶党"在搅局;民主和共和两党在几乎所有决策上形成对立,自 2010 年民主党众议院中期选举失利后,奥巴马所有的立法建议和政策,都遭到了由共和党把持的众议院的阻挠,难以通过和实行；就是之前民主党利用在议会占多数席位通过的医保法案，也遭到了由共和党人担任州长的近30个州的反对；伊拉克和阿富汗战争的花费仍旧像是无底洞；整个美国在世界的地位和影响力都处于下降之中。

从历史上看，自20世纪30年代大萧条以来，还没有一任总统能够在失业率超过7.2%的情况下实现连任。这似乎成了一条规律。奥巴马这个被共和党右翼分子和茶党攻击为背离了美国自由主义传统、成了"社会主义者"的总统，能够打破这条规律吗？2012年11月6日的选举结果给出了答案：奥巴马以332∶206，领先126张选举人票的结果大胜罗姆尼，尽管前者仅仅以3.29%的普选票领先后者。这与4年前奥巴马以365∶173，领先192张选举人票，普选票领先7.26%的胜利相比，2012年有较大退步。但是，这次选举是在美国失业率高达7.9%，政府赤字和债务居高不下，经济仍陷入泥潭的情况下，多数选民仍旧相信奥巴马可以带领他们走出困境，不能不说是个奇迹。

这个奇迹是如何创造出来的？难道真的是奥巴马个人魅力和非凡的演说能力使然吗？笔者2012年10月至12月初在美国实地考察了这次大选，参与了多场民主党的竞选活动，与多位美国选民进行了交流。笔者认为，奥巴马之所以能够取得这次总统选举的胜利，虽然是多种因素交织作用的结果，但是在最关键的核心问题上，奥巴马代表了美国多数选民的利益，赢得了选民的信任。这个问题就是：如何看待国家或政府在美国经济和社会发展中的作用，美国人民真正需要什么。

2. 这是对国家在美国社会作用的一次民意测验

这次美国大选是美国全国对于国家前途和发展道路的一次公开大讨论，最后通过投票来决定由什么样的政治家来引领美国今后的发展。美国现在也在转轨，主要是重新定位国家在社会发展中的作用。这次大选的选举结果说明，美国多数选民主张国家在经济建设和社会发展中要发挥更大的作用。奥巴马在美国经济低迷的条件下，仍旧能够战胜共和党候选人罗姆尼，说明了这一点。

现在，多数美国民众认为，国家需要在社会发展中扮演积极的角色。那种认为国家只能是"守夜人"的极端观点，已经过时。长期以来，由于美国经济形势恶化，极右翼势力抬头，诸如"茶党"这样的极端政治势力在美国大行其道。但是，这次总统大选证明，极端势力和观点是不得人心的。如同中国一样，社会道德滑坡、腐败和社会冲突增多，使得极"左"思潮一度泛滥，但是这几年来的中国社会变化和党的十八大说明，极端"左倾"思潮在中国也是不得人心的。这次选举中凡是持极端的观点的政客，都被选民抛弃了。

共和党总统候选人罗姆尼被选民抛弃，一个重要原因是他在竞选时一再强调，政府不会创造就业。他的这个观点，其实是说，政府在创造就业方面无能为力，无所作用。这显然是奥巴马不同意的。奥巴马认为政府在创造就业方面可以发挥积极的作用，而且罗斯福时期和克林顿时期，都有事实可以证明这一点。民主党还挖出罗姆尼2008年11月18日发表在《纽约时报》上的一篇文章《让底特律破产吧》，认为他所坚持的原教旨主义的自由市场经济立场，不仅不能创造就业，而且会葬送制造业。这种极端的观点正是罗姆尼在俄亥俄和密西根这些制造业大州选举失利的根本原因。

这次，美国人民用选票证明了，他们相信政府可以在创造就业方面有所作为。政府在为人民创造公平的医疗条件、公平的就学条件、公平的就业，公正的移民制度方面，是可以依靠的。这会延续美国梦,使更多的人实现自己的愿望。

3. 政府究竟是问题的根源,还是解决问题的资源?

善治和良政是政府治理和施政追求的目标,也是政府和社会良性互动的结果。但任何国家经济的发展都是有周期的,都要经过危机、复苏、繁荣、衰退的过程。这是不以人的意志为转移的客观规律。这样看来,一个社会会有四分之一的时间处于危机状态,其他四分之三时间则处于非危机状态。由于危机和非危机状态所面临的挑战不同,善治和良政在这两个不同时期所采取的措施也会不同,政府和社会的关系也会有不同。

通常,人们会用两组不同概念来形容一个社会的治理状况,这即是:民主和专制;良政和劣政。人们都希望民主能够一直和良政做伴,而专制就是劣政的代名词。但是,现实社会的复杂性使这两组概念的相互组合出现了多种选择。这种复杂性尤其在一个社会进入危机状态时就更是如此。

肇始于2007年的美国次贷危机,很快引发了全球性的金融危机,继而形成世界性的经济危机,至今仍旧在发展。从2007年到现在,5年过去了,在主要发达国家里,仍旧看不到走出危机的尽头。美联储已经决定,到2014年底,一直维持现行极低的基础利率。这意味着至少在美联储看来,要走出危机,应该是在2014年之后。美国是善治水平很高的国家,但是以笔者每年在美国生活数月的经历看,那种极端的自由市场经济制度似乎对于美国走出经济危机没有多大帮助,其治理的水平也难以让人满意。

美国曾在1980年遇到过十分严重的“滞涨”问题。当时的里根总统有句名言:政府不能解决问题,它本身就是问题。这是一个带有新自由主义明显特征的表态。在当时严重的赤字财政导致的滞涨面前,里根所奉行的供应学派理论,对于美国走出滞涨起到了明显作用,从而在世界范围内刮起了一股供应学派的旋风。

但是,这次金融危机显然不同于1980年的滞涨,而带有明显的自由市场经济条件下资本的贪婪和政府监管不力的色彩,与国家过渡干预和政府控制无关。有统计指出,从1980年至今,美国的贫富差距不断拉大,中产阶级收入相对下降,金融危机中中产阶级家庭破产数量剧增,很多中产阶级落入贫困的境地。2012年5月份,罗姆尼也在一次只有富人参加的闭门捐款会议上声称,他不关注47%的美国选民,因为他们不需要缴纳个人所得税,不会把票投给自己。这种闭门会议上的信息传出后,让罗姆尼的民意支持率大幅度下降,严重影响了他的选情。这也从一个侧面反映了美国的贫富差距。

在这种局面下,奥巴马走得其实是一条中间路线,首先他承认市场经济的基础作用,强调个人奋斗实现美国梦的意义。但是,他又指出政府在实现社会公平方面的作用,要创造条件缩小贫富差距,为实现公平的医疗、公平的就学、公平的就业和薪水、公正的移民制度、平衡的对外贸易,发挥政府的主导作用。这种务实的中间路线,赢得了民心。

4. 做一个诚实的政治家才能赢得选民的信任

选举前,美国有很多人批评奥巴马在克服金融危机方面做得不够好。笔者也认为过去4年里,奥巴马还可以做得更好。罗姆尼则是个搞管理的好手,他处理了盐湖城冬奥会财政困境,解决麻省的财政赤字问题。但是他太机会主义了,立场多变。为了拉选票,罗姆尼什么都敢表态。共和党初选时他为了吸引极右势力的选票,表现出极右的姿态,甚至说他不在乎47%的美国人,因为这些人不交纳个人所得税。后来又表现出中间姿态,以吸引中间选民。

奥巴马基本是个诚实的人。他出身中产阶级家庭,是一个典型的美国梦的代表。他拥有很强的学习能力,人非常聪明,知道自己的责任在哪里,如何为美国人民服务。奥巴马与华尔街的金融寡头划清界限,表现出要在美国帮助中产阶级的强烈愿望。笔者看了奥巴马的竞选电视宣传片,基本上实事求是,很感动人。2008 年,奥巴马一上台确实有些天真,以为金融危机可以很快克服,后来他明白了,也就实实在在地一点一点进行改进。人们相信在奥巴马的领导下,美国可以克服金融危机,在几年后重新实现繁荣。

就这一点,现在美国已经有了一些迹象。一是美国的能源自给率有了很大的提高,进口石油已经低于 40%。尤其是页岩油技术的开发,将使美国的能源价格下降,这就降低了美国的工业成本,提高了美国产品的竞争力。这方面的技术,和美国比,中国还有明显的差距。笔者 2012 年 11 月到过加拿大,那里的汽油价格都比美国高出 1/3 以上。很多加拿大人跑到美国来加油。奥巴马已经允诺,还要加大美国西部和北部的石油开发,争取石油自给率的进一步提高。这一招很厉害,因为能源问题,美国长期依赖中东石油的这一问题解决了,那么就会对美国的中东政策乃至世界产生新的影响。

二是美国制造业受到了空前的重视。奥巴马将美国制造业的复兴看作是实现美国梦的基础。现在美国不仅生产汽车、飞机和计算机软件,而且已经生产袜子和裤子等生活用品,并在各大超市出售。美国人购买国货的热情也很高,知道购买国货可以创造就业。美国的人力成本高,中国的人力成本低。如果美国的能源成本下降了,降得比中国的低很多,就会在一定程度上抵消中国人力成本低的优势。再加上一些贸易保护主义措施,美国的制造业会在今后几年里有大的发展,重新焕发出较强的竞争力来。

这次美国大选其实是为美国在今后选定一条发展道路。对于美国来说,也是一个转折点。共和党这次的失败,不仅是总统选举失利了,而且共和党内那些经常发表极端言论的政客,这次都受到了选民的抛弃。美国的多种族特点现在更加明显。这次奥巴马获得了93%黑人,71%西班牙裔,73%亚裔的支持。超过50%的女性选民也是奥巴马的支持者。中美两个大国在今后10年内的发展和相互影响,以及全球治理与这两个大国的关系,都值得我们关注。

5. 什么是发动群众,奥巴马的竞选团队做到了

在竞选期间,奥巴马募集的资金不如罗姆尼多,但是奥巴马的竞选团队绝对比罗姆尼的要好很多。什么叫发动群众,笔者在美国大选期间算是真正见识了。那真是把所有未拿定主意的选民筛选出来,一户一户地做工作,一个一个地打电话。保证不漏掉一个可以争取的选民。2012 年,民主党成立了 813 个地方竞选办公室,组织了 1 万个居民行动小组,有 220 万志愿者在全美为奥巴马到基层去助选。竞选期间,志愿者共计打电话或登门拜访选民 1.5 亿人次。仅在投票前的最后 4 天,就联系选民 2500 万人次。共计有 1793881 个摇摆选民被说服投票给奥巴马,占奥巴马比罗姆尼多得到的普选票的 43.1%。也就是说,如果失去这 179 万多张选票,奥巴马在普选票上就几乎和罗姆尼打了平手,到时候鹿死谁手还真说不定。

据报道,在芝加哥有一位出租汽车司机,是个黑人,他义务替奥巴马打了近 1 万个电话,并敲了近千户选民家的门,时间长达近 1 年。这当然是极端的例子。

2012 年 10 月 6 日,笔者参加了一次奥巴马竞选团队到新翰

普什尔州的敲门动员选民活动。小组共 3 人,除了笔者外,一个是 50 多岁的工程师蒂姆,另一个是 60 多岁的家庭妇女南希。蒂姆在 4 年前就曾经当过志愿者。我和南希则是第一次参加。早上 10 点我们坐蒂姆的车出发,2 个小时后,在 Peterborough 竞选总部领受了任务,到附近的 Jeffery 镇去访问 30 户家庭,动员尚未拿定主意的选民投奥巴马的票。我们工作了近 3 个小时,先后访问了 26 户人家,进行了交谈,争取到 12 户的支持,2 户对投票不感兴趣,1 户不公布立场,9 户家中无人仅留下宣传材料,其他 2 户声明支持罗姆尼。这种活动完全是义务的,需要开自己的车,自带午饭,花费自己的休息时间。如果没有坚定的信仰,是不可能主动参与的。笔者看到,在竞选总部,最活跃的大多是一些年轻人,大家义务做这项工作就是因为支持民主党和奥巴马。

2012 年 10 月 10 日,笔者参加了在 Springfield 市音乐厅举行的麻州联邦参议员竞选辩论会。这是一场现任共和党联邦参议员 Scott Brown 和民主党挑战者 Elizabeth Warren 的辩论。给笔者留下深刻印象的不是现场辩论,而是辩论结束后,Elizabeth Warren 到她的支持者中间的答谢演讲。面对 Scott Brown 有充足竞选经费,有茶党支持,有大财团做后盾的有利条件,哈佛大学法学院教授 Elizabeth Warren 表示,她并不害怕,她要为麻州的中产阶级,为妇女、大学生、退休者和新移民的权利而斗争,绝不后退。Warren 得到了奥巴马的支持,最后的选举结果,Warren 以 53% 的得票率战胜了 Brown。

2012 年 10 月 27 日,在新汉普什尔州的 Nashua 的竞选集会上,笔者第一次近距离聆听了奥巴马总统的竞选演讲。有 5000 多人参加了竞选集会。奥巴马的演讲能力确实非同一般,现场气氛十分热烈,欢呼声常常把总统的演讲打断。身处这样的现场,你不可能无动于衷。尽管集会参加者基本上只能站着,从头到尾差不多要站 4 个半小时,但是无论年轻人还是老人,没有一个人有怨言,大家都是自愿来参加的。

美国地方选举的投票率一般都很低,超过 50% 的很少。不少地方选举的投票率甚至低到 20% 以下。但这次总统选举关系到美国未来要走什么道路的问题,与每个人的切身利益息息相关,所以投票率很高。当地报纸显示,笔者所在的马萨诸塞州西部的一些市镇具体投票率是:Granby 77.7%;Belchertown 84%;Amherst 66%。

11 月 6 日星期二,笔者去住地的投票站观察投票。票站设在一所中学的室内篮球场,从早晨 7 点就开门允许投票,到晚上 8 点结束,共计 13 个小时。笔者是早晨 7 点半去的,那时已经人满为患了,需要等待约 20 分钟才可以投上票。后来我了解到,在佛罗里达州的奥兰多,有的选民要排队六七个小时才能投上票,在麻省,有些地方也要排队一至一个半小时左右。就是这样,这次美国总统大选的投票率也高达近 60%。笔者所在的镇投票率更高,有近 15000 名选民投了票,投票率达到了 66%。这里的选民大多支持民主党,所以不仅奥巴马以 12316:1872 获胜,而且原来由共和党 Scott Brown 把持的一个联邦参议员席位,也以 2942:11853 输给了民主党的挑战者 Elizabeth Warren。11 月 6 日晚上在芝加哥 McCormick Place 和波士顿的 Convention Center,奥巴马和罗姆尼及其支持者都在等待选举结果。笔者也在看现场直播,等待的时间是有些长,但是最后结果是激动人心的。随后,奥巴马到竞选团队中心去感谢支持者,他眼含热泪,称自己的竞选团队是世界上最好的团队。

奥巴马似乎也从这次竞选连任总统的过程中,体会到了人民的力量。面对与他时时处处作对的共和党国会议员,奥巴马诉诸民众,把自己的诉求告诉民众,动员民众给自己选区的共和党国会议员打电话,督促他们采取行动,以帮助总统推动符合民众利益的立法和行政。

奥巴马知道,他当选和连任美国总统,已经创造了历史。但是,如果他要在美国历史上留下他这一任总统的印记,就必须完成自己的承诺,带领美国走出危机,不辜负美国人民对他的期望。对此,我们将拭目以待。

三、美国 2016 年总统大选所反映出来的美国深刻的社会危机

2016 年美国总统大选是注定要在美国历史上留下浓重一笔的选举。之所以这么说,是因为美国正在经历深刻的政治、经济、社会的危机。广大美国民众对于自己所处的地位,有着深刻的不满和怨恨,他们急切盼望国家能够走出目前的状况,走上正确的轨道。

1. 美国的政治、经济和社会危机

(1)美国政坛民主党、共和党两党的"否决政治"几乎使联邦层面的国家决策面临停摆。

尤其是美国的三权分立权力制衡制度,在共和党、民主党两党尖锐对立的条件下,已经蜕变为相互否定的党争闹剧,成了一种"否决政治"。这使得不论那个党上台执政,都面临法律难以通过,共识难以达成的困局,使得行政当局的任何正常举措,步履维艰,效率很低,扯皮不断。这在一定程度上影响美国的发展。

(2)美国中产阶级急速衰败,阶层固化,收入分配处于两级分化并逐步扩大的境地。

美国从 21 世纪开始至今,在经历了 2000 年高科技泡沫爆破,

2007 年的次贷金融危机后,产业空心化,至今中产阶级的收入普遍没有正常的增长,相反,其债务却在明显增长。在几次危机中,中产阶级的资产大幅度缩水,年轻人失业率推高,从而引发了2011 年 9 月开始的席卷全美及西方世界的"占领华尔街"社会运动。运动中示威者指出,占美国人口 1% 的富翁占据了全国财产的 50% 以上。很多美国人的"美国梦"真正成了梦想,阶层固化现象加剧,富人越富,富有的家庭成员受的是优质教育,又有家族背景帮助,所以能比较容易地跻身上流社会和高收入阶层。而低收入家庭成员只能依靠公立免费教育,毕业即失业,从事着普通的工作。两极分化现象加剧了社会的分裂。

(3)大学生的高负债及高昂的医疗成本和大城市房价,使得民众生活质量明显下降。

现在美国大学,包括公立大学的学费越来越高。普通家庭出身的学生到大学毕业时的平均负债金额是 3 万美元,有的甚至高达 5 万美元。这个债务是要背负一生的,只要你还活着,就要还这个债务。目前大学生高额负债已经成为这次美国总统大选的一个热门话题。

美国的医疗费高已是世界闻名。笔者在美国做一次血常规检查,收费就要 700 多美元,尽管医疗保险公司为笔者担负了大部分成本,我本人仍旧要负担 130 多美元。笔者夫人在美国大学当会计,购买了大学提供的医疗保险计划,我本人也可以享受。但是我夫人到波士顿肿瘤医院做一次常规的身体检查,仅挂号费就是 250 美元,这是需要个人负担的。此外还有自己需要负担的部分医疗费,动辄就是几百美元。过去在美国看病只要有医疗保险,自己负担的部分不是很高。但是自从奥巴马施行了全民医保之后,不仅我们自己交的医保费上涨了不少,而且每次看病自己负担的费用部分也大幅度提高了。也难怪有那么多人反对奥巴马的医保改革,改革后普通民众的医疗负担不但没有减轻,反而加重了。

美国大城市的房价是非常高的。和北京、上海、广州的房价相比,一点也不逊色。而且现在房价还在上升。对于大学毕业想在大城市购房的人来说,工作五六年就想买房子只能梦想,根本就做不到。租房子的价格也不低。大体美国大学生工作 10 年后,通过贷款买一个小一点的单元房还是可能的。所以,大城市虽然工作机会多,但是生活成本非常高,工作节奏快,对于任何人来说,在大城市立住脚都是不容易的。

(4)产业空心化造成大批企业工人失业,沦为领取政府补助的一族;而金融业等虚拟产业的畸形发展,又造成了收入的两极分化。华尔街现在已经成为全美国人民声讨的对象。

美国北部有号称"锈带"的一些州,就好像长了很多锈一样无人问津。这就是美国工业所处的宾夕法尼亚州、密歇根州、明尼苏达州、俄亥俄州、印第安纳州、伊利诺伊州等。这些原来工业比较密集的州由于全球化和自由贸易的发展,处在衰败的过程中。那里工厂迁走了,工人失业了,生活只能依靠救济了,那里暮气沉沉,人们压抑,看不到希望,心中充满愤怒和怨恨。很多人和家庭失去了原来的生活水平,在贫困线上挣扎。这些人被华盛顿的政治家们遗忘了,成为全球化和自由贸易的牺牲品。而华尔街的金融业却虚假的繁荣,很多金融大亨每年的奖金就高达几千万美元,这与在贫困线上挣扎的"锈带"的工人及其家庭形成了极大的反差。所以,近几年来,华尔街已经成为美国普通民众一致声讨的对象,就好像一只人人喊打的落水狗。人们把自己生活的不如意都发泄到了华尔街身上。

(5)反全球化和反自由贸易的思潮席卷美国。反非法移民、反穆斯林等孤立主义大行其道。背后是大批受全球化和自由贸易影响的低学历美国民众的反叛情绪大爆发。

现实就是这么残酷。当威胁到自己的生存和饭碗时,一切所谓全球化和自由贸易都是无用的。这种思潮在 2016 年美国总统大选之前就已经波涛汹涌,所以当川普勇敢地站出来为那些心中充满愤懑的社会底层的、失去中产阶级地位的、对传统政客所忽视的普通美国民众代言时,民众拥护他支持他,是毫无疑问的。可以预料,这种新形式的孤立主义思潮还会顽强地发展,只要美国因为全球化和自由贸易所产生的问题没有解决,这种孤立主义的思潮就会一直延续下去。与此同时,各种反非法移民、反穆斯林等极端思潮也会应运而生,撕裂美国社会。

2. 危机促成 2016 年美国总统大选异象丛生,局外人(Outsider)占据主流,建制派全面溃败

(1)共和党从 17 个总统候选人党内初选,到特朗普异军突起,最终获得共和党总统候选人提名胜利,充分反映出共和党内老牌政客和建制派候选人被选民抛弃的大趋势。

2016 年在美国如火如荼展开总统竞选,民主党和共和党两党都出现了局外人占据主导地位的大变数。目前共和党非建制代表人物特朗普已经获得党内候选人资格,民主党内以桑德斯为代表的民主社会主义思潮则仍在和老牌政客希拉里缠斗中。这种局面说明,美国普通民众对于高层政客的所作所为已难以容忍,对自己目前的处境非常不满,对美国目前所走的方向充满怀疑和否定。美国民众要在这次选举中使用自己的投票权来改变美国目前所走的道路,要向传统的美国建制派政治说"不"。

(2)特朗普初选获胜并非偶然,而是他多年经营有方的必然结果。

在特朗普人生中有两次冒险:一次是 20 世纪 70 年代投资纽

约曼哈顿的房地产,结果获得了高于 6 倍的回报。另一次就是这次竞选美国共和党总统候选人提名,在被所有人看衰的情况下,异军突起,战胜所有竞争者,获得共和党总统候选人提名。而且,我个人认为,特朗普能够战胜希拉里成为新一届的美国总统。

(3)民主党内以民主社会主义者身份出现的新汉普什尔州联邦参议员桑德斯,在民主党内初选中,获得了大批的支持者。

目前,桑德斯已经在近一半的州获得了选举胜利,但是由于领先比例不大,党代表又是按照得票比例分配,而且超级党代表大多数选择支持希拉里,所以,尽管桑德斯在宣誓代表方面与希拉里差距很小,但是在超级代表方面仍旧有巨大差距。

(4)一个 74 岁、地处一个小州的美籍犹太裔联邦参议员,却能够获得大量年轻人的支持。而且他的主张是民主社会主义,反对华尔街金融资本,主张社会公平和正义,主张通过对高收入阶层加税来实现公立大学免学费,通过适当加税来实行免费医疗等。桑德斯的竞选资金都来自选民的小额捐款,平均为 27 美元。有数百万人为桑德斯的竞选捐助。这在以资本主义自由市场经济为标签的美国,是惊世骇俗的。美国的年轻人并不认为民主社会主义有什么不好,相反,他们对民主社会主义抱有好感,对现在的美国社会普遍存在的不公、两极分化、年轻人失业、警察滥用暴力、种族歧视、枪支泛滥、年轻人生活质量下降等,持有严厉的批判态度。这些年轻人受够了传统政客的轻视和忽视,要求通过桑德斯的竞选呼喊出自己久已积郁于胸的愤懑。

(5)希拉里作为老牌政客,有着丰富的从政经验,但她傲慢的态度和失信的污点会影响她竞选。

希拉里十分敬业,从政履历完整,无懈可击。但成也萧何败也萧何。长期身为高官,自然养成了高高在上的习惯。克林顿家族的光环现在往往成为希拉里的负担。广大平民百姓自然与希拉里有了距离感。再加上希拉里在为官时的失误,成为她的竞争对手攻击希拉里的武器。这里主要有两个问题:一是发生在 2012 年 9 月 11 日的利比亚班加西事件,造成美国驻利比亚大使在内的 4 名美国外交官的死亡。其时希拉里得到报告时正是深夜 3 点,希拉里在睡觉,但她继续睡觉,直到早晨才进行处理。这表现出一个老牌政客对突发事件处理上的迟钝和失误。但是希拉里为了掩盖这个失误,又进行了辩解,让别人看来是在用一个谎言掩盖另一个谎言,其为政的诚实度大打折扣。二是希拉里在担任美国国务卿的时候,违反保密规定,使用自己个人未加密的电子邮件信箱来处理国家外交方面的事务达 10 个月之久。之后在面临美国联邦调查局调查时,开始又拒绝交出所有电子邮件。之后虽然交出了,但不能肯定是被希拉里已经做过了删除,所以希拉里在处理国家事务时的傲慢态度,面临调查时的不诚实态度,大受竞争对手的攻击。不仅共和党总统候选人特朗普说希拉里不诚实,处理国家事务迟钝和失误,不是合格的总统候选人,就是民主党内的竞争者桑德斯也指责希拉里作为美国总统候选人不够格。

很多美国选民对希拉里的看法也是她虽然经验丰富,从政背景雄厚,敬业,但是此人惯于说谎,不诚实,处理重大事项刚愎自用,听不进别人意见。因此,并不看好希拉里能够担任下一届的美国总统。

(6)这也是为什么桑德斯作为民主党候选人,明明落后希拉里很多,而且也看不到能够战胜希拉里的迹象,但桑德斯就是不退选,一直要把竞选进行到 2016 年 7 月份民主党在费城召开党代表大会时。现在美国联邦调查局还在调查希拉里的"邮件门"事件,如果一旦发现希拉里有违法行为,就会起诉希拉里,那么希拉里就自动失去了竞选美国总统的资格,那时桑德斯就可以取而代之成为民主党总统候选人。这就是"黑天鹅"事件。

（7）美国历史上从来就存在两种价值观，它们在不同时期在美国社会上占据主导地位。

一种是自由、平等、人权、法治的普世价值，也被称为"美国的自由价值观"，它被很多美国政客推广到世界各地去，称为美国主流的意识形态。另一种是"美国第一"的价值观，也就是美国的利益第一。这是一种现实主义的价值观，这种价值观在美国处于政治、经济、社会危机时，常常处于优先的地位。

目前，美国身处危机之中，以特朗普为代表的共和党现实保守主义者，所奉行的就是"美国第一"的价值观。一切以美国的现实利益为转移，不在乎世界和其他国家的看法。所以特朗普才可能说出要欧洲、日本和韩国负担美国军事保护的成本；要在美墨边界修建隔离墙，成本要墨西哥政府负担；要对把工厂企业搬到墨西哥和中国去的美国公司进行处罚；要重新谈判北美自由贸易区的条款，不然就退出这个贸易区；要反对 TPP（跨太平洋伙伴关系协定），等。这些主张代表了美国主要的工业区的民众利益，因为在那里美国产业空心化的恶果非常明显的影响了大批美国家庭的生活。特朗普在实地走访了俄亥俄、印第安纳、密歇根、伊利诺伊、宾夕法尼亚、密苏里、明尼苏达等北方工业州后明确指出，他在那里看到的是一片的灾难，一片的萧条，人们失去了生活的希望，处于愤怒和绝望之中。在一次电视访谈中特朗普说到，中国经济增长率下降到 6%，很多人都认为是灾难，但是美国经济只要增长 2%，大家就都说很好了。这是不正确的。他要给这些处于衰败中，没有希望的美国人以希望，要带领大家走出衰败，走上正确的道路。

希拉里则代表美国的"普世价值观"。这也是民主党一贯的做法。但是在当前美国社会面临深刻危机的时候，更多的美国民众注重的并不是"普世价值",而是"美国第一"。普世价值解决不了美国产业空心化的问题,只会带来普世价值在全世界推广所产生的反美情绪和恐怖主义浪潮。

所以,在 2016 年美国的总统大选中,特朗普的"美国第一"对美国民众所产生的振奋作用,远大于"普世价值"。事实也证明了这一点。尽管有很多美国人既不喜欢特朗普,也不喜欢希拉里,但是有资料显示,截至 2016 年 4 月 25 日,特朗普已获得 877 万共和党选民的支持,远高于 2012 年罗姆尼此时的支持者 665 万人,支持率比罗姆尼高出 31.79% ,支持者多了 212 万人以上。特朗普的出现动员出更多的共和党选民和中间选民出来投票,所以,尽管特朗普的一些说法得罪了妇女,得罪了穆斯林,得罪了西班牙语系移民,但是特朗普得到了几乎所有白人蓝领阶层、保守选民的一致支持,特朗普能够战胜共和党内其他 16 名竞争者,在开始几乎被所有人一致看衰的情况下脱颖而出,说明所有人都低估了特朗普的潜能。

3. 2016 年美国总统选举对中国的影响

(1)如果特朗普最后获胜成为美国总统,这就是一个没有从政经验,一个地道的商人走上了美国总统职位的创举。那时,世界贸易和全球化会面临新的挑战。我国的对美贸易受到一定的影响是肯定的,所以要未雨绸缪。特朗普未必有能力翻转中美的贸易大局,但是局部的影响是不可避免的。所以我国要大力扩大内需,以减少中美贸易因特朗普的保守主义所产生的负面影响。

(2)美国如果逐步走向某种程度上的孤立主义,对于我国也是机遇。美国的任何收缩,都为我国扩大影响力减少了阻力和障碍。尤其在东海、南海、亚洲基础设施投资、一带一路建设等方面,我国都可以充分利用美国孤立主义的退出,而打出自己的一片天下。特朗普提出了一些孤立主义的主张后,美国一些智库也惊呼这是给中国和俄罗斯天大的惊喜,从而警告特朗普不要这样做,但是可以预计,如果特朗普成为美国总统,美国的战略收缩是必然的。

(3)美国的世界第一地位不会因为美国的战略收缩而有所改变。美国仍旧是世界上唯一的超级大国。这一点我们不要有任何幻想。坐稳世界第二的位置,仍旧是我国目前的最好选择。不要去挑战美国世界第一的地位,因为在很多方面,和美国比,我国仍旧有着巨大的差距,尤其在科技发明和创新方面,美国仍旧是优势很明显。美国的军事力量也是举世无双的,和美国的军事力量相比,我国的短板还很多,差距还很大。我们这样的态度,也给了美国一个定心丸,他仍旧是老大,没有人会去挑战他。但是我们可以在自己力量所及的地方施展自己的影响,比如亚太地区,保护好自己的领土完整,团结好周边的国家,结成命运共同体,这样我国才有可能在力量具备时,走出亚太,走向世界。

参考文献

著作类:

何增科,杨雪冬,高新军等. 基层民主和地方治理创新[M].
北京:中央编译出版社,2004.

韩福国,骆小俊,林荣日等. 新型产业工人与中国工会:义乌
工会社会化维权模式研究[M]. 上海:上海人民出版社,2008.

俞可平. 地方政府创新与善治:案例研究北京:社会科学文献
出版社,2003.

俞可平. 中国地方政府创新案例研究报告[R]. (03-04)(05
-06)(07-08),北京:北京大学出版社,

北京大学中国政府创新研究中心,俞可平. 中国政府创新年
度报告2006[R]. 北京:中央文献出版社,2006.

北京大学中国政府创新研究中心,俞可平. 中国政府创新年
度报告2007[R]. 北京:中央文献出版社,2007.

北京大学中国政府创新研究中心,俞可平. 中国政府创新年
度报告2008[R]. 北京:中央文献出版社,2008.

北京大学中国政府创新研究中心,俞可平. 中国政府创新年
度报告2009[R]. 北京:中央文献出版社,2009.

俞可平. 中国政府创新蓝皮书:和谐社会与政府创新[M]. 北
京:社会科学文献出版社,2008. 何增科,高新军。中国政治体制
改革研究[M]. 北京:中央编译出版社,2004.

王安岭.地方政府治理结构研究报告[R].南京:江苏人民出版社,2003.

王绍光.美国进步时代的启示[M].北京:中国财政经济出版社,2002.

李凡.中国基层民主发展报告 2003[M].北京:法律出版社,2004.

李凡.中国基层民主发展报告 2004[M].北京:知识产权出版社,2005.

李凡.中国基层民主发展报告 2005[M].北京:知识产权出版社,2006.

李凡.中国基层民主发展报告 2006/2007[M].北京:水利水电出版社,2007.

李凡.中国基层民主发展报告 2008[M].北京:知识产权出版社,2008.

李凡.中国基层民主发展报告 2009[M].北京:华文出版社,2010.

李凡.温岭试验与中国地方政府公共预算改革[M].北京:知识产权出版社,2009.

史卫民.中国基层民主政治建设发展报告[M].北京:中国社会科学出版社,2008.

贾明德.社会变迁中的治民与民治[M].西安:西北大学出版社,2003.

贾西津.中国公民的参与:案例与模式[M].北京:社会科学文献出版社,2008.

高新军.地方治理、财政和公共预算[M].西安:西北大学出版社,2009.

高新军.美国地方政府治理:案例调查与制度研究[M].西

安：西北大学出版社,2007.

高新军.实现从权力政府向责任政府的转变:我国乡镇级地方政府治理的比较研究[M].西安:西北大学出版社,2005.

浦文昌,高新军.市场经济与民间商会:培育发展民间商会的比较研究[M].北京:中央编译出版社,2003.

荣敬本,高新军.再论从压力型体制向民主合作体制的转变:县乡两级政治体制改革的比较研究[M].北京:中央编译出版社,2001.

荣敬本,高新军.从压力型体制向民主合作体制的转变:县乡两级政治体制改革[M].北京:中央编译出版社,1998.

姜晓萍.成都统筹城乡发展年度报告2010.成都:四川大学出版社,2011.

论文和报道类:

俞可平.党政官员应鼓励、支持公民社会发展营造官民共治的社会治理新格局.北京日报,2011-6-13.

丁凯.构建枢纽型社会组织体系.南方日报,2012-7-8.

丁凯.共青团创新的两大关键.中国青年报,2012-12-31.

李存贵.开远市统筹城乡与合作经济发展的实践与思考.中国合作经济,2011,1.

崔之元.重庆地票交易的本质是"开发权转移制"的创新.重庆时报,2011-2-10.

姚佳威.重庆"地票"继续试.财经,2011,2.

刘裕国.宜宾征地补偿争议调查:代金券"代"了补偿款.人民日报,2010-9-16.

赵岩.土地国有与国家财政.资本交易,2011,7-8.

由姗姗.公用事业改革:深圳的探索与争议.南方周末,2005

－7－9.

俞可平.党政官员应鼓励、支持公民社会发展,营造官民共治的社会治理新格局.北京日报,2011－6－13.

冯同庆.从义乌经验看农民工维权公民化趋向.第一财经日报,2008－1－25.

白青锋,王娇萍.维权:寻找新视角——义乌市总工会打造企业社会责任"义乌标准"的新闻调查.工人日报,2009－6－16(6).

马斌.企业社会责任"义乌标准"的实践与启示.浙江工人日报,2011－1－18(4).

中央电视台新闻调查.义乌市总工会如何为农民工维权.浙江工人日报,2010－6－4(4).

陈有德.工会社会化大维权的实践与启示.浙江工人日报,2004－8－6(4).

韩福国.工会转型与组织资源整合——"义乌工会社会化维权模式"的过程[G].中国地方政府创新案例研究报告(2007－2008).北京:北京大学出版社,2009.

高新军.危机管理和后选举治理的成功范例——对重庆市开县麻柳乡八步工作法制度创新的分析.东南学术,2007(4).

高新军,.地方政府创新缘何难持续:以重庆市开县麻柳乡为例.中国改革,2008(5).

张维为.中国崩溃论已崩溃.求是理论网,2011－3－8.

Felicity Callahan. School project is too expensive for Amherst. Amherst Bulletin,2017－3－24(4).

Scott Merzbach. School referendum fails. Amherst Bulletin,2017－3－31(1).

调查记录类：

高新军. 对遂宁市政法委"重大事项社会稳定风险评估机制"制度创新的调查记录. 2011 – 11 – 21 – 24.

高新军. 在重庆市忠县三汇镇的调查记录. 2010 – 4.

高新军. 对安徽省淮北市的调查记录. 2010 – 4.

高新军. 对内蒙古巴彦淖尔市临河区的调查记录. 2010 – 4.

高新军. 在安徽淮北濉溪县百善镇的"安徽省财政厅农业综合开发示范区"的调查记录. 2010 – 4.

政府文件类：

共青团中山市委员会, 中山市青年联合会. 中山青年社区学院、中山青年智库简介. 2012 – 12.

广东省共青团枢纽型社会组织综合改革试验区（中山）. 探寻共青团参与社会治理新路径. 2012 – 12.

中共遂宁市委政法委员会. 遂宁市创新和实施社会稳定风险评估机制主要情况. 2011 – 11.

中共遂宁市委政法委员会. 四川省遂宁市创新和实施重大事项社会稳定风险评估机制项目描述. 2011 – 6 – 17.

中共遂宁市委政法委员会. 四川省遂宁市重大事项社会稳定风险评估机制资料汇编.

中共遂宁市船山区委、船山区人民政府. 突出重点、抓住关键, 扎实推进社会稳定风险评估. 2011 – 10 – 29.

中共遂宁市船山区委、船山区人民政府. 突出重点、抓住关键, 推动社会稳定风险评估工作落实. 2011.

中国西部现代物流港管理委员会. 中国西部现代物流港项目社会稳定风险评估报告. 2007 – 10.

遂宁市船山区人民政府. 遂宁市船山区人民政府关于金家物流园控制区征地拆迁安置补偿办法的通知. 2007 - 9 - 4.

遂宁市船山区人民政府办公室. 遂宁市船山区人民政府办公室关于印发"金家物流园征地拆迁安置补偿实施办法"的通知. 2008 - 1 - 10.

遂宁市创新工业园. 关于南强堤工程建设社会稳定风险评估工作的汇报. 2011.

遂宁市创新工业园. 南强堤三期工程建设社会稳定风险评估报告. 2008.

中共蓬溪县委, 县人民政府. 全面深化社会稳定风险评估机制, 推动老区经济社会又好又快发展. 2011 - 11 - 22.

中共蓬溪县委维护社会稳定领导小组办公室. 扎实开展稳定风险评估, 助推红海项目健康发展. 2011 - 11 - 22.

中共遂宁市船山区委, 遂宁市船山区人民政府. 关于观音湖圣莲岛群众工作及社会稳定情况的报告. 2011 - 12 - 30.

中共遂宁市委维护社会稳定领导小组办公室. 维护社会稳定工作规范. 2011 - 1.

中共遂宁市委维护社会稳定领导小组办公室. 遂宁市社会稳定风险评估实例选编. 2010 - 11.

中共遂宁市委维护社会稳定领导小组办公室. 源头创稳定的成功之路: 四川省遂宁市重大事项社会稳定风险评估机制建设资料汇编. 2009 - 8.

中共遂宁市委维护社会稳定领导小组办公室. 遂宁市社会稳定风险评估专项办法. 2010 - 11.

中共遂宁市委维护社会稳定领导小组办公室. 2003 年"4. 22"华润锦华公司部分员工停工闹事事件的剖析. 2003.

中共开远市委, 开远市人民政府农村工作办公室. 开远市十一五期间统筹城乡发展文件汇编. 中共开远市委, 开远市人民政府. 开远市统筹城乡发展及综合改革配套问价汇编(一). 2011 - 1.

中共开远市委, 开远市人民政府. 开远市统筹城乡和经济社会改革相关材料. 2011 - 11 - 10.

金鑫. 关于开远市 2011 年国民经济和社会发展计划执行情况及 2012 年国民经济和社会发展计划(草案)的报告. 2012 - 2 - 4.

庞俊. 开远市人民政府工作报告. 2012 - 2 - 4.

李建华. 关于开远市 2011 年大幅财政预算执行情况和 2012 年地方财政预算草案的报告. 2012 - 2 - 4.

李存贵. 统筹之道——城乡发展开远经验的示范效应. 2011 - 10.

巴中市党委. 乡村换届选举工作总结. 2001 - 12 - 20.

中共武安市委组织部. 一制三化: 充满活力的农村领导机制——河北省武安市"一制三化"工作机制纵深调查. 2008.

中共温州市委办公室, 市人民政府办公室. 市委办公室、市政府办公室关于加快农村土地承包经营权流转的实施意见.

温州农村土地承包经营权流转机制与政策研究项目课题组. 温州市农村土地承包经营权流转机制与促进政策研究. 2009 - 8 - 3.

温州市农业局. 温州农村土地承包经营权流转机制政策研究. 2009 - 11.

淮北市农业委员会. 关于我市农村土地流转工作的汇报. 2010 - 3 - 29.

淮北市农业委员会. 加快农村土地流转, 推动农业规模经营——全市农村土地流转工作汇报. 2010 - 3 - 30.

中国人民政治协商会议第十三届筠连县委员会第五次会议：会议文件、报告汇集. 2011 – 1.

中共双流县委统筹城乡工作委员会. 成都市双流县统筹城乡发展相关材料. 2011 – 9 – 8.

中共双流县委统筹城乡工作委员会. 成都市双流县农村产权制度改革相关材料. 2011 – 9 – 8.

温州市农业局. 温州市农村土地承包经营权流转机制政策研究：验收资料汇编. 2009 – 11.

中共苍南县委，县人民政府. 中共苍南县委、县人民政府关于龙港镇"强镇扩权"改革试点工作的若干意见. 2009.

方崇亮. 关于龙港镇 2009 年政府预算执行情况与 2010 年政府预算草案的报告. 2010 – 3 – 18.

温州市被征地农民问题政策研究项目课题组. 失地农民基本生活保障制度建设的实践与思考——来自于温州及其兄弟市的个案分析. 2005 – 2.

温州市被征地农民问题政策研究项目课题组. 温州市土地征用政策述评. 2005 – 2.

温州市被征地农民问题政策研究项目课题组. 温州市被征地农村发展案例研究. 2005 – 2.

温州市被征地农民问题政策研究项目课题组. 温州市市区被征地农村安置用地管理办法. 2005 – 2.

温州市被征地农民问题政策研究项目课题组. 温州市市区征用农民集体所有土地资金管理办法. 2005 – 2.

温州市被征地农民问题政策研究项目课题组. 温州市被征地农民社会保障研究. 2005 – 11.

温州市被征地农民问题政策研究项目课题组. 温州市被征地农民问题政策研究. 2005 – 11.

段毅.关于筠连县2010年财政预算执行情况和2011年财政预算草案的报告.2011 - 1 - 23.

王萍.筠连县国民经济和社会发展第十二个五年规划纲要草案.2011 - 1 - 23.

郑世筠.筠连县2010年国民经济和社会发展计划执行情况及2011年国民经济和社会发展计划草案的报告.2011 - 1 - 23.

淮北市农业委员会.全市农民专业合作经济组织发展情况汇报.2010 - 4.

淮北市农业委员会.淮北市农村土地承包经营权流转操作指南.2008 - 4 - 10.

淮北市农业委员会.淮北市农村土地承包经营权流转合同示范文本.2008 - 4 - 10.

淮北市人民政府办公室.淮北市人民政府办公室关于加快农村土地承包经营权流转,推进农业规模经营的意见.2009 - 3 - 27.

义乌市总工会.义乌市企业社会责任评估指标体系.2010 - 1.

义乌市总工会.义乌市企业建立集体合同、工资协商制度业务指南.2010 - 8.

义乌市总工会.义乌工会社会化维权资料:职工法律维权工作机制.2005 - 7.

陈有德.深化社会化维权机制,扎实推进企业社会责任建设,努力构建社会主义和谐劳动关系.2011 - 2 - 24.

王冶清.义乌市总工会维护职工合法权益材料.2011 - 1.

王冶清.企业社会责任"义乌标准"试点工作总结.2011.

后　记

　　这是我 2013 年 7 月完成的研究项目。此项研究历时 3 年,经历了时间的考验。研究的虽说是"地方治理制度创新和可持续发展比较研究",但是与我前几年完成的研究项目是有密切的联系。

　　2005 年,我通过实地案例调查,出版了《美国地方政府治理:案例调查与制度研究》。这是我国学术界第一部通过大量案例来解剖"美国地方治理"的著作。该书 2007 年又一次再版。

　　2005 年,我在自己承担的福特基金会研究项目中,通过对河南省新密市关口镇的 3 年调查,仔细研究了"我国乡镇级地方政府治理",出版了《实现从权力政府向责任政府的转变:我国乡镇级地方政府治理的比较研究》。本人在 2005 年就明确提出权力政府向责任政府转变的重大任务。该书于 2009 年获中国大学出版社图书奖首届优秀学术著作奖二等奖。

　　在 2008 年结项的研究中,我从中外比较的角度考察了"地方治理、财政和公共预算"问题。这是在我此前分别考查和研究了"美国地方政府治理"和"我国乡镇级地方政府治理"之后的一次对我国后选举治理与财政和公共预算关系的深入研究。最后形成了著作《地方治理、财政和公共预算》。

　　以上三部著作和现在的《地方治理制度创新和可持续发展比较研究》一书,较完整地体现了我在地方治理制度创新和可持续发展方面的比较研究轨迹。其实,这个轨迹也反映了近 10 年来我国在地方治理制度创新方面的发展轨迹,我是随着我国体制改革和制度创新的一步步发展,来不断深化自己的研究的。

正如我在本书中所说,转型是通过不断地制度创新,逐步改变政治生态来实现的。要达到这一目的,实现创新的可持续发展是非常重要的。我们这里所说的不断的制度创新,就包括了可持续发展,不仅是某个创新项目的可持续发展,而且是创新本身的可持续发展,以此来推动政治生态的转变,最终实现体制转型。

创新也是一种道路选择。它是增加执政合法性的有效途径。本书附录里考察的是墨西哥和美国,他们主要是通过 6 年或者 4 年一次的大选,通过投票来选择发展道路和执政者。虽然我国的基本制度与他们有很大区别,但是墨西哥和美国在大选中反映出来的对转型经验教训的总结,对国家发展方向和道路的确定,对执政者和执政党的要求,还是反映出了转型、创新和可持续发展的一般规律。

我国的制度创新更带有"撞击反射"的特色。绝大多数制度创新都是在各级党委和政府遇到危机、困难和巨大阻力时创造的。这和国外的情况相似。但是,要做到使制度创新可持续发展,就不能仅仅靠危机、困难和阻力了。因为在制度创新之后,所有的危机、困难和阻力都会逐渐化解,人们在危机时的紧张心情会松弛下来,面对危机时的万众一心,就会被危机化解后的慵懒懈怠、利益分化所替代,改革创新的阻力会再次增高。如果这时没有一定的机制来化解慵懒懈怠,监督利益集团,那么制度创新走向"人亡政息"就是必然的。如果考虑到我国制度创新在很多情况下带有"政绩冲动"的特点的话,那么当这种政绩取得一定的回报后,出现"人走政息"也就很自然了。

本书为读者提供了关于制度创新可持续发展的大量研究和分析信息。这些观点的阐发,都是建立在对案例和事实的调查之上,是有事实根据的。这也是本书与一些纯粹的理论书籍的区别。其实,从事政治学研究,多一些实地的案例调查,多接地气,也是理论联系实际的主要方法。这是笔者研究的特色。我以此自豪。

本书的研究中包括了20多个案例。调查贯穿了整个研究的数年中。很多地方笔者去过不止一次,是一种跟踪研究。例如,浙江温岭笔者就去过6次,重庆开县麻柳乡也去过4次。在最近这10多年里,我已经与很多地方干部和群众成了好朋友。我感受着他们在第一线工作的艰辛,也分享着他们制度创新的欢乐,更分担着他们所承担的风险,为他们鼓与呼。我要在此特别感谢这些工作在第一线的地方干部和群众,他们为我的调查和研究提供了方便,热情接待了我。即使我在个别地方的调查不被当地干部所理解,吃过闭门羹,我也要感谢他们,因为这种境遇激发了我的潜能,使我能排除干扰,最终完成了调查,并写出了高质量的研究报告。

我还要感谢我的妻子张丽晶。她对我在国外的调查提供了很大的帮助。不仅为我提供了大量的信息和线索,而且多次陪同我奔赴墨西哥、加拿大和美国各地进行调查,参加各种活动,并且在生活上对我进行了照顾。

我要感谢西北大学出版社及马来社长。我的著作基本都是在西北大学出版社出版的。在长达二十年的合作中,随着我的著作不断面世,我和西北大学出版社及马来社长的友谊也在日益加深。他们对学术研究性著作出版的支持,深深感动着我,也使我深信我国学术研究有一块学术探讨的净土。我还要感谢我的工作单位,原中央编译局世界发展战略研究部的领导和同事们。当我请假到国外调查时,局、部、处里的领导和同事们都十分理解和宽容。我想,只有在宽松的环境里,才会产生出高质量的研究成果。

2019 年我已年过 65 周岁了。60 年一个甲子。对于我来说，是一个新的起点。现在学术研究已经成了我生活的一部分，也可以说是我的一种生活方式。我有幸生活在我国处于大变化、大转型、大发展的伟大时期，它不仅为我的学术研究提供了不可多得的素材，也为我的研究造福国家和社会提供了宝贵的机遇。我会继续关注我所感兴趣的研究领域，关注我们国家的体制转型、制度创新和可持续发展，关注中美地方治理制度创新的比较研究。如果我的研究今后能够继续为国家的改革、开放和发展有所助益，那是我十分乐见和感到自豪的事情。

高新军

2019 年 2 月 23 日于北京